地域セキュリティの社会学

――バリ島の近隣住民組織と多元的共同性

HISHIYAMA Kosuke
菱山宏輔 著

御茶の水書房

地域セキュリティの社会学　目　次

目次

序章……3
第1章　インドネシアにおける地域セキュリティ論の視角……11
第1節　はじめに　11
第2節　インドネシアにおける支配・権力・治安と地域社会　14
第3節　地域社会研究としての地域治安維持活動の位置づけ　17
第4節　「コミュニティ・ポリシング」から「地域セキュリティ」へ　19
第5節　むすび　22
第2章　バリ島地域社会と多元的共同性のゆらぎ……27
第1節　はじめに　27
第2節　バリ島の地域社会構成　29
第3節　グローバル化・都市化による地域社会の変容　36
第4節　伝統的警備隊とバリのナショナリズム　47

第5節　むすび　53

第3章　南東部海浜観光地区サヌールの発展……57

第1節　はじめに　57
第2節　対象地域の概況　58
第3節　観光とインフォーマルセクター　64
第4節　サヌール地区の観光の動向　71
第5節　むすび　84

第4章　ツーリズムと地域セキュリティ……91

第1節　はじめに　91
第2節　中央集権体制末期の観光地治安維持組織　93
第3節　近隣住民組織による地域セキュリティへの試み　99
第4節　特別チーム「ティムスス」　106
第5節　むすび　111

第5章　デンパサール市におけるコミュニティ・ポリシングの勃興……115
第1節　はじめに　115
第2節　コミュニティ・ポリシングとは何か　116
第3節　デンパサール都市警察によるシステム構築の試み　122
第4節　BANKAMDESの具体例　126
第5節　むすび　133
第6章　ティムススの動員からサイバー・ヴィレッジへ……139
第1節　はじめに　139
第2節　サヌール地区のBANKAMDES　141
第3節　地域セキュリティの転換点　144
第4節　サヌール・サイバー・ヴィレッジへの転換　158
第5節　むすび　162
第7章　多文化地区の地域セキュリティ……167
第1節　はじめに　167

第2節　移民のバリ　169
第3節　近代化される伝統的警備隊　174
第4節　地元リーダーの試みと新たなシスカムリン　179
第5節　むすび　185
終　章……189
あとがき　197
文　献　205
索　引（巻末）

用語解説

アダット（Adat）：慣習
アジェグ・バリ（Ajeg Bali）：バリ島におけるナショナリズムの一様式、およびそのキャンペーン、イデオロギー
バンジャール（Banjar）：近隣住民組織。多元的共同性の一要素であったが、近年都市部では行政活動の下請けとしての単位に位置付けられる傾向にある
BANKAMDES：デサ安全助成。デンパサール都市警察によって展開されたコミュニティ・ポリシングの企画およびその成員
BK3S：サヌール地区においてスハルト退陣後の地域治安維持を短期的に担った組織
デサ（Desa）：村落
ディナス（Dinas）：行政
ハンシップ（Hansip）：民間防衛。スハルト体制下に導入されたセキュリティのシステムおよびその成員
クルラハン（Kelurahan）：町
市（Kotamadya）：県と同様の第二級自治体。特別市。
プチャラン（Pecalang）：伝統的警備隊
PKD：トゥバン地区において町行政により組織された治安維持組織
シスカムリン（Siskamling）：(1)スハルト体制下に導入されたセキュリティのシステム、(2)バンジャールにおいて組織される夜警活動およびそのための組織
ティムスス（TimSus PKD Sanur）：YPSにより組織されたスペシャルチーム
YPS：サヌール開発財団。バンジャール出資によるサヌールのコミュニティ・ディベロップメントを担う組織

地域セキュリティの社会学

——バリ島の近隣住民組織と多元的共同性

序章

旅行のために海外へと向かうとき、その動機は多種あるだろう。本書でとりあげるバリ島をはじめとしたビーチリゾートに思いを馳せると、風光明媚な景色、香辛料かおる料理、美しくも奇抜な土産物の数々、人びととの出会い、自然とのふれあい等々が頭をよぎる。そうした観光を支える環境・アメニティはさまざまであるが、ホテルや移動手段の快適さだけでなく、同時に「安全」が求められていることは想像に難くない。世界的なテロリズムや災害、感染症がマスメディアを賑わす昨今においては、むしろ、安全の確認・確保こそが海外旅行の第一歩であるとさえいえるかもしれない。

例えば、海外ビーチリゾートの行き先を決める際に求められる環境として、「景色がきれい（五一・〇％）」「食事がおいしい（五二・四％）」を抑え、「治安が安定していること（五八・〇％）」が大きな位置を占める（インフォプラント二〇〇六）。一番最後の旅行で行き先を検討した理由として、行き先の特徴をみても同様であり、「治安がよさそう（一九・五％）」が十項目中一位の回答率である（株式会社リクルートライフスタイル二〇一三：四二）。さらに、若者が「海外旅行に行けない・行きにくい理由」として、一九歳〜二五歳、二六歳〜三三歳の両年代において、「治安など現地の情勢が不安（二三・八％・一九・六％）」が三位となっている（ＪＴＢ総合研究所二〇一二：九）。近年の国外滞在のもうひとつの流れとして海外挙式がある。ブライダル総研によれば、海外にて挙式したカップルは二〇〇五年で全体の五・六%、二〇一五年で八・一%と増加しているが、そこにもまた安全への志向性をみることができる。ブライダル総研は、挙式場所の選択理由（複数回答）の回答項目に、「安全だから」を二〇一四年から採用している。二〇一四年の同項目の回答割合は二六・九%、二〇項目中七位、二〇一五年は二六・四%とポイントを下げているものの二〇項目中五位、二〇一六年には二七・一%（六位）、二〇一七年には三三・五%（四位）というように、ここでも「安全」は比較的重視される要素である（株式会社リクルートマーケティングパートナーズ二〇一一：一四、二〇一七：一九、三四）。

海外旅行や短期滞在においては、異文化・非日常のなかに身をおき、日本ではあたりまえと考えられている安全の庇護の外に出ているがゆえに、治安の問題がいっそう強調されて関心が払われるといえよう。帰国し「やっぱり日本が良いね」と人心地がつくとき、心理的側面までを包摂するナショナルなセキュリティ・システムと諸個人との相互依存性、すなわちセキュリティをめぐり組成される国民国家社会の特徴の一端が姿をみせる。そのような安全（危険）についての情報・身体感覚は、私たち自身が通常どのようなセキュリティ・システムのなかで生活をしているのか、身の回りの安全・安心を考えるうえでの示唆を与える。

では、日本を離れてしまうとそうした機会を逸してしまうのか。もちろん、冒頭にてあげたように、非日常であるからこそ意識されるリスクは存在するが、それだけでなく視点を地域社会にむけてみると、必ずしもナショナルな枠組みに包摂されない、より自律的な「地域セキュリティ・システム」を考えるうえで興味深い事例を見出すことができる。本書で対象とする東南アジア有数の観光地バリ島は、そのためのうってつけの場所であるとさえいえる。バリ島には海外そして日本から多くの観光客が集まる。二〇〇〇年から二〇〇九年までは年間ほぼ三〇万人以上の日本人観光客が同地を訪れ、同年にオーストラリアに抜かれるまで、その数は最多であった。その後、ＬＣＣ就航等によりオーストラリアからの観光客が激増、二〇一四年にはおよそ九七万人となった。これに加えて、経済の活況から中国からの観光客も増加し、二〇一四年には約五八万人となった。同年の日本からの観光客は約二二万人と減少傾向にあるものの、オーストラリア、中国についでなお多くの観光客がバリ島を訪れている。

それでは、バリ島においてどのような安全・安心およびセキュリティ・システムを見出すことができるのか。少なくとも、一九九七年のアジア経済危機、一九九八年のインドネシア政府の中央集権体制崩壊、さらに、二〇〇二年・二〇〇五年と続いたバリ島爆弾テロは、渡航を躊躇するに十分な治安の不安要因であり、むしろセキュリティ・システムの不備が顕在化したようにもみえる。しかしながら、それらは一面でバリ島社会の状況と関連をもつとはいえ、特に経済危機や爆弾テロはよりグローバルな地政学的影響によるところが大きく、バリ島社会外部の要因が強く作用している。もちろん、そのようないわばグローバルなリスクと比較して、より日常的な場面において、観光客にいっそう直接的に被害をもたらす危険や犯罪もある。しかしその多くは、スリ、恐喝、詐欺等、一定の条件がそろえばあらゆる場所に偏在する事象、日常的なリスクであるともいえ、バリ島に限った話ではない。

むしろここで注目したいことは、それらグローバルなリスクと日常的なリスクの間で、中央集権体制崩壊後のインドネシア全国にみられた治安の動揺に対抗する動きであり、同様に、爆弾テロに対する人びとの反応である。そのなかでも特に地域社会に目を向けると、地域のセキュリティに関して集合的に対応しようとしてきた動きがあることがわかる。しかもバリ島においては、ただ受動的に危機に対応するのではなく、より積極的に新たな地域社会像をつくり出していこうとするコミュニティ・ディベロップメントの試みが生じてきた（本書第4章・7章）。冒頭で見たように、私たちの身の回りにおいても、危機や危険に対応するうえで安全（セキュリティ・システム）を求める動きが渦巻いている。しかしながらそうした動きの多くは、防犯・防災グッズ等の個々の備えや自己責任論にみられるセキュリティの個人化の趨勢と、国によるトップダウンの安全安心まちづくりや安全保障に収斂しているようにみえる。国家と個人の間において地域開発（コミュニティ・ディベロップメント）に資する取り組みとなると、なおその事例は少ないのではないか。

本書は二〇〇〇年前後からの約一〇年間を射程とする。この時期、インドネシアにおいては一九九八年以降の民主化、地方分権化の展開の時期である。バリ島においては、二度の爆弾テロとバリ島ナショナリズムの高まりがみられた。世界に視点を移せば、まさに「テロの世紀」「新たなテロの時代」等、二〇〇一年九月一一日の米国同時多発テロにこと寄せた時代診断と、それに対する新たなセキュリティのシステムの探求がはじまった時期である。ここからセキュリティへの関心がグローバルに生じ、地域社会の有り様を規定しはじめた。そうした関心が具体化されたものが「コミュニティ・ポリシング」のディスコースであり、新たなセキュリティの技術として世界中をフローするようになった（本書第5章）。

同時多発テロ後の米国をみると、日常生活は保守化の傾向をみせ、プライバシーよりもセキュリティを求める傾向が強まるなかで、「愛国者《パトリオット》」が政府による監視を呼び込んだ。同時に、社会文化的な多様性・寛容性よりも、移民に対する排他性が強まった。地域社会のセキュリティについては、それ以前、一九八〇年代から「問題解決」「協同」「組織改編」を基軸とするコミュニティ・ポリシング（Community Policing, Community Oriented Policing）が導入されてきた。「コミュニティ」の多様さに基づくポリシングが掲げられながらも、新たなコミュニティの形成を可能とするのか、排他性やゼロ・トレランスの強化とともに市民的な隔離をうむのかについて、コミュニタリアンを巻き込んで議論をよんだ。

日本の治安対策においても、コミュニティとポリシングの関係は新たな傾向を見せてきた。一九九〇年代から「安全安心まちづくり」が推進され、二〇〇三年には犯罪対策閣僚会議が「犯罪に強い社会の実現のための行動計画――『世界一安全な国、日本』の復活を目指して」を策定した。同年、警察庁もまた「緊急治安対策プログラム」を策定し、この年を「治安回復元年」と定め、全国的な地域防犯の活性化が促された。そこでは、かつてあった地域社会の共同活動、濃密な意志疎通、連帯・絆による抑止力という道徳的理念の共有が目されている。

このようなコミュニティ・ポリシングの適用は、インドネシア、そしてバリ島においても試みられることになるが、共通して言えることは、従来の地域セキュリティにおいて前提とされてきた「閉じて守る」ことと「開いて守る」ことの区別が自明ではなくなり始めているということである。社会の内部と外部を区別し、外部からの安全や外部への排除を可能とするための境界を設定し、それを明確なものとする技術によって成り立つ社会が「閉じて守る」社会であり、近代国家の国境管理がまさにその精髄をなしてきた。他方で、その境界を自明なものとせず、重層性や多様性、公共性を重視しながら参加や関与を促すことによって調和を保つ社会が「開いて守る」社会である。近年、グローバル化によって世界がつなぎ合わされて行くなかで、多様なネットワークが「開いた」関係性を可能としながらも、セキュリティの分野においては右傾化や保守化の波のなかで「閉じる」ことが進展しているようにみえる。さらに、コミュニティ・ポリシングのディスコースが国境をこえて流動する中で、この二分法をこえて、環境管理型権力や保険的統計的管理が適用され、個人が自由に開放的に動き回っているようにみえながら、確実にその「自由」を閉じたシステムにつなぎとめ続けている。それはいわば、開きながら閉じている状態である。

インドネシア、特に本書で対象とするバリ島の場合、上述したコミュニティ・ディベロップメントとコミュニティ・ポリシングの関係性は、入り組みながらもいっそう端的なものとして見出されることになる。一九九七年のアジア経済危機を経て、一九九八年の中央集権体制崩壊以降、国家体制は大きな変動をみせた。同時に、集権的なセキュリティ・システムの弱体化を招き、そこに、地域ナショナリズムを一部で伴いながら各種の自警団や防犯・治安維持組織、場合によってはギャング集団が、各々の「領域」と「セキュリティ」に依拠して活発化した。政府主導のコミュニティ・ポリシングは、そのようなセキュリティの拡散を包摂し、再度首尾一貫したセキュリティ・システムを構築しようとするものであった。コミュニティ・ディベロップメントは、こうしたセキュリティの揺れ動きのなかにわずかに垣間見えるものでしかないのかもしれない。そのようなわずかの試みでさえ、地方警察によって警察力のオーソリティを強化する目的で回収されるに至っている。とはいえ、むしろ制度と制度の間隙および動態に社会学的観点をもちこみ、回収・包摂される以前の地域社会・近隣住民組織の試みをモノグラフによって描き出すことによって、地域セキュリティに依拠したコミュニティ・ディベロップメントの基盤となる開放的かつ多元的な特徴を析出することができるのではないか。

このような観点に立った場合、従来の研究枠組は必ずしも有効なものではない。インドネシアの政治社会研究において、セキュリティは軍や警察に独占された実行力、あるいはローカルに残存する暴力を前提として論じられ、地域社会は中央集権体制下に抑圧・管理される開発の一単位でしかなかった（本書第2章）。そのため、地域社会の自治的試みやセキュリティがもつ地域創造的側面、地域の社会経済との関連やコミュニティ・ディベロップメントを扱うことができなかった(1)。

本書はこのような従来の議論の限界を突破するために、C・ギアツの「多元的共同性」を嚮導概念として、地域社会とセキュリティについて分析するものである。多元的共同性とは、多様な機能をもつ個々別々の集団が、部分的にのみ秩序を保って集積し重層化することで構造化された、協同集団の布置関係を示す。バリの地域社会においては、この共同性ゆえに、強固な集合性と同時に、複雑で柔軟性をもつ集合様式が見いだされる。そのため、自由主義的でありながら個人主義的ではない社会関係を可能としてきた。ここから、バリ州都デンパサールを中心に、変容する地域社会がセキュリティの試みを通して構築する新たな地域像の発展可能性、個人化・私化されたセキュリティにおいて多元的共同性が介在することによる脱個人化・脱私化、地域開発への応用による「地域セキュリティ」の組織化という一連の過程の特徴を明らかにする。それらは各章の具体例において、諸種のデータとフィールドワークを基にした実証分析によって、より詳細に検証されることになろう。

【注】

(1) このような問題は日本における安全安心まちづくりについての評価の仕方にもあてはまる。政府主導の安全安心まちづくりは、地域社会が取り入れやすい技術と道徳的言説を事前に用意し、セキュリティ・システムへと地域社会の論理を接合しようとするものである。地域社会の公共性や重層性を捉える視点が無く、閉鎖性や保守性を与件として考えるようなディスコースは、知識社会学的にいえば、接合の単位として操作される対象としての「地域社会」を構築してしまいかねない。そのような先見を相対化するうえで地域社会学的観点を導入した場合、地域社会の論理に依拠してセキュリティの論理を捉え直そうとする試みを見いだすことができるといえよう。それらの具体例として菱山（二〇一一、二〇一三、二〇一六）を参照。

第1章　インドネシアにおける地域セキュリティ論の視角

第1節　はじめに

これまで、バリ島についての研究の多くは、農村部の伝統・宗教に関わる世界を対象としてきた。しかしながら本書は、バリ州都デンパサールとその周辺における都市問題を議論の突端として、現代的な社会現象・社会問題を扱うことになる。もちろん地域治安維持の問題は、現代の都市に限られたことではない。自警団は農村にも存在したし、義賊・匪賊は歴史上のある地点において比較的広範にみられる社会現象である（Hobsbawm 1969=2011）。しかしながらここでは、国民国家により暴力の占取が（インフォーマルな暴力との相互作用の構築を含み）一定程度完遂した後、社会の流動性が高まる中でそれが揺らぎをみせている状況を背景とする。

ここで前提とする社会の揺らぎ・流動化は、端的にはグローバル化・都市化の影響といえるが、その具体的な現れは、人口移動、モータリゼーション、生活様式や社会経済の変化の総体、インドネシアにみられる中央集権体制の崩壊と爆弾テロにまで及ぶ。本書は一九九八年の中央集権体制崩壊からおよそ一〇年間に焦点化しており、この間、そうしたゆらぎが顕著に見出されるとともに、国内のセキュリティ・システムの動揺のなかでローカルな地域治安維持の試みが様々に生じた。それと平行して政府は、集権的・抑圧的な治安維持機構を再編し、治安と「コミュニティ」との関係を再構築しようとするコミュニティ・ポリシングを導入した。地域セキュリティの試みは、その狭間における社会変容の直中から立ち現れてきたものである。

社会学は古くから、社会構造分析とともに変容・変動の局面に関心をもってきたが、特に古典的な都市社会学は空間的な「社会解体」をテーマとし、そこに「社会」の萌芽を見出してきた。W・F・ホワイト（Whyte［1943］1993=2000）はそこから新たな社会的ネットワークや役割取得のモデルを導き、E・アンダーソン（Anderson 1990=2003）は状況の定義から生まれるストリートのハビトゥスを明らかにした。こうした観点にたてば、システムの揺らぎは都市空間の創造的動態を導くもの、ネットワークの多様性・開放性・隙間と親和性をもつものといえる。J・ジェイコブスは近隣住区やストリート、都市空間の多様性がもつ創造性を評価し、ポリシングの相対化の必要性について論じた（Jacobs 1961=1969）。同様に、R・セネットは都市空間の開放性と個人の可動性を評価して、ネットワークの不確実性が高いほど、すなわち、ネットワークにおける「ギャップ、迂回路、媒介物」が多いほど、個人は動き回りやすい（Sennett 1998=1999 : 111）と論じた(1)。

このような都市空間、構造的隙間の影響／可能性を地域社会に敷衍するとき、冒頭にみたように「地域社会の論理」が働いてきたことを看過してはなるまい。技術やテクノロジー、「知」や思想は、その地域固有の文脈で用いられ変容していくものでもある。地域は「共同体」的契機を常に含みながらも、今日のシステム間の境界の弛緩に際して、「いずれの類型の法的支配にも、従属する人たちが、自分たちにたいして権力を保有する人びとの活動に影響を及ぼすために有効利用できる、支配の『隙間』」（Giddens 1985=1999 : 20）を生じさせ、その「隙間」への契機を「構造化」させることも可能なはずである。そうした地域において、「行為主体であることは世界に差異を生じさせる能力をもつことであり、差異を生じさせる能力をもつことは、権力を（潜在的変容能力という意味での権力を）保有している」（Giddens 1985＝1999：19）ことになるのである。

こうした背景を踏まえると、本書においてインドネシアを事例としたときの着眼点は、次のようなものとなる。それは、近代社会において分化してきた治安維持システムが、揺らぎのなかで脱構築および再構築される側面である。その過程は、⑴バリ島地域社会の慣習的な組織原理である「多元的共同性（／多元的集団構成）pluralistic collectivity」に代表される多元性の変容をみながらも、その延長に、⑵様々な部門・分野・領域が開放性と重層性のなかで節合され、新たな地域社会形成のポテンシャルを含む、⑶創造的な「地域セキュリティ」の生成によって展開しているのではないか。他方で、⑴'インボリーションに代表される文化の硬直性がありながらも、近年ではバリ島におけるグローバル化および都市化の影響下で文化の動的性格が変容し、⑵'地方分権化とバリ島ナショナリズムにより包摂と排他性が進む、⑶'新たな国家へゲモニーを含むポストモダンの監視的「地域セキュリティ」が展開する可能性もある。ここでは、この両者の具体的な現れをとおしてその分水嶺を注意深く描き出す必要がある。これが、本書の中心的な着眼点である。

このときの「地域セキュリティ」の概念規定については後に詳述するものとし、まずは本書の位置づけについて、先行研究との関連から論じておきたい。そのなかで、インドネシアの地域治安維持についての議論は国家体制に関する問題と結びつき、それゆえ近代国家の官僚制を枠組としてきたこと、その対極としてインフォーマルな暴力に関する議論、文化への着目、翻って国家体制の多元性、構築主義へと広がりをみせたことが確認されよう。続いて、治安維持活動を地域社会研究の側面から位置づけることによって、「治安維持活動」という用語を拡張し、本書の鍵概念となる「地域セキュリティ」を位置づけたい。

第2節　インドネシアにおける支配・権力・治安と地域社会

従来、東南アジア、インドネシアにおける治安維持《ポリシング》の問題は、国家と社会の関係を論じるための土台を提供してきた（Barker and Klinken 2009）。そのため、中央集権体制期の官僚制に着目する研究は、植民地国家から引き継がれる官僚機構が警察社会への導入となったこと、その障壁となる要素は暴力的に排除されてきたことを強調した。特に、インドネシアの地域社会の治安維持に関しては、二つの議論が展開されたといえよう。第一に、中央集権体制下における軍・警察による暴力に注目するもの、第二に、占取されずに地域社会に残存しつつも、統治に不可分な要素として組み込まれてきたインフォーマルな暴力に注目するものである(2)。

第一の立場は特に政治学的背景をもち、「合理化」についての枠組として、B・アンダーソンの一連の論考（Anderson 1983, 1990=1995）にみられるようにM・ウェーバー流の近代的官僚国家論を基盤とするもの、あるいはバーカーやバウチャー（Barker 2001, Bourchier 1990）のように、M・フーコーの影響をうけた警察国家という観点から国家について論じるものに分けられるだろう。それらに共通する国家像は、（地域）社会をまるごと包摂するという想定に依拠し、それゆえ国家と社会の境界を自明なものとしてきた。これに対し、地域社会の治安維持について論じる第二の立場としては、社会の側に存在するインフォーマルな暴力やカリスマの存在を明らかにする議論（Barker 2001, Nordholt 1991, Ryter 1998）、国家体制自体もいっそう多元的である（bureaucratic pluralism）とする議論（Emmerson 1983）をあげることができるが、それらもまた多かれ少なかれ官僚制的支配を前提として国家を説明するものであった(3)。

これらとは異なる観点を採用するものとして、ジャワやバリの歴史的文献から、政治だけでなく文化への着目と、官僚制的支配よりもパトロン・クライアント関係を基盤とした家産制的（patrimonial）支配の観点から国家を説明しようとする議論が生じた（Anderson 1972, Geertz 1980=1990）。それらは、時代と場所の限定性や文化概念の均質性についての批判（Nordholt 1996）、支配を担う集団の一枚岩的性格についての批判（Emmerson 1983）をうけたが、現代インドネシアの国家を必ずしも合理性や官僚制からのみ説明しない議論の展開を導いたといえよう。

さらに、バーカーとクリンケン（Barker and Klinken 2009 : 26–27）によれば、社会学的な構築主義の観点から「新家産制」に立脚した議論として、ペンバートン（Pemberton 1994）を参照することができる。ペンバートンは、伝統的であると見なされる諸関係は、国家や資本という近代の諸制度によってつくられたと論じる。ペンバートンによれば、例えば、「ジャワ」に関する主題は、オランダによる支配に直面するなかで、王族の象徴的支配を強化するためにジャワの法廷学者によって生みだされ、ジャワの法廷に登場するようになり、後には、オランダの東洋学者、米国の人類学者によって構築・強化されてきたものである。さらにペンバートンは、スハルト体制も後半になると従来のパトロン・クライアント関係（Geertz and Geertz 1975=1989）が変質し、それまでのように下から生じ村落から政府の中心へと広まるのではなく、政府の中心、警察や軍、その他の政府省庁のような近代的諸制度の内部から「伝統的なもの」として生じ、州や村落へと広まったことを明らかにしている。

以上のように、インドネシアの治安維持についての議論は国家体制に関する議論と不可分に位置付けられ、M・ウェーバーの近代国家論を応用する議論から、インフォーマルな暴力への着目、国家体制の多元性、家産制、文化への着目、構築主義などへと広がりをみせた。そのなかで、国家の政体の境界づけられた自明性は一定程度相対化されてきたといえる。もちろん、バリ島における治安維持体制についても、地域社会は植民地体制や後の国民国家建設と中央集権体制に接続・包摂され、相互監視のための末端を連ねる単位として機能してきたことを看過することはできない[4]。同時に、ペンバートンが論じるように、制度内部から「発明された伝統」の影響を考慮することも必要となろう。

それら先行研究がどちらかといえば包摂や動員の側面に着目してきたことと比較して、本書は、現代バリ島におけるいっそう流動的な社会状況と、その後の社会の変容および転換に着目したい。もちろんそうした観点についても、バリ島に関する数々の研究が大きな役割を担ってきた。例えば、グローバル・ツーリズムによる社会文化的な流動化のなかで、「バリ人」をめぐるアイデンティティ・ポリティクスや伝統・慣習の構築過程についての議論が展開されてきた（山下一九九二、一九九九、Vickers 1989, Hobart 1990, Picard 1996, Reuter 1999）。政治的には、一九七〇年代以降の新秩序体制以後、バリ島においては一九八〇年代後半になるとその維持が難しくなり、一九九〇年代に至っては開発体制に対する急進的な政治運動が生じ、新たな社会文化の構築に眼が向けられた（Suasta and Connor 1999）。ポスト冷戦体制期においては、新自由主義の影響、その後の地方分権化の過程においてはインドネシア国家体制のゆらぎと再編がみられ、バリ島地域社会・文化・政治の新たな構成をめぐる議論はさらに活発化している。さかのぼって、一九世紀までの王権政治の時代のバリ島地域社会に関する歴史研究も、同様の文脈に位置づけることができる。バリの地域社会は「劇場国家」の構成要素として、支配の複雑で動的な体系、多元的な地域構成が特徴とされ、M・ウェーバー流の官僚制国家を前提とした治安維持の分析手法を相対化してきた（Geertz 1959, 1963, 1980, Warren 1993, Hobart, Ramseyer and Leemann 1996：第4章）。

以上のように、インドネシアにおける支配と治安維持体制に関する研究は、文化への着目、国家体制の多元性、構築主義へと広がりをみせ、バリ島社会についての研究もその基盤の一部を提供してきた。もっとも、それら治安維持についての研究と地域社会の自律性の研究は、必ずしも一連の研究領域をなしてこなかったのではないか。このことを踏まえ、次に、地域治安維持に関する研究を地域社会研究の側面から位置づけたい。その後、本書をとおしての鍵概念となる「地域セキュリティ」について明らかにしたい。

第3節　地域社会研究としての地域治安維持活動の位置づけ

本書において対象とする地域治安維持活動の事例は、軍や警察をはじめとして官僚制的合理化と国家による統制のなかで制度化された治安維持組織によるものではなく、物理的な暴力を振りかざし実行力とするアウトローによるものでもない。それよりも、地方分権化以降の地域社会において制御され、それら両者を脱構築してきた試みを対象とする。

同時に、地域社会について論じる際には、国家と（地域）社会という二項対立による位置づけをとらない。仮にそうした位置付けを採用した場合、本書は、政府による開発に翻弄される地域社会の対抗戦略、あるいは地域社会の自立と政府によるシステムへの包摂の相互関係という枠組みに依拠して、地域治安維持制度の近代化と現在を描くものとなるだろう(5)。しかしながらそうした試みは、上述してきた近代国家と官僚制の立場からの議論と同様の枠組みに通じるものとなり、国家と地域社会の固定化されたシステムの一面を説明しながらも、同時にそのシステムを補強する言説となる可能性をもつ(6)。そのため本書は、バリ島地域社会の多元的共同性を分析軸としたモノグラフによって、地域社会およびセキュリティの新たなうごきをすくいあげながら、視点をより深化させ、既存の議論がもつ社会構築的な側面を一定程度相対化したい。より具体的には、安全に関わる地域社会像がどのようなズレと変容を伴いながら、脱構築され、再文脈化され、地域社会に再度埋め込まれてきたのか、その変容過程に着目することで、新たな地域社会およびセキュリティの具体像とその背後のメカニズムを提示したい。

各章においてとりあげる具体的な組織および活動は次のようなものである。まず、地域治安維持の「伝統」構築と制度化の両面の事例として、バリ島南部地域における伝統的警備隊「プチャラン」の活況（第2章）、観光地サヌールにおいてスハルト体制末期を支えるために組織され、軍や警察をとおして強化された「BK3S」（第3章）をとりあげる。それらを説明変数として位置づけたのち、転換点をむかえ変容する地域社会が両者を脱構築し、新たな地域像を再うめこみする事例として「ティムスス（サヌール安全パトロール特別チーム）」（第4章）について論じたい。ティムススの事例においては、ビーチや観光向け商業地区、第一次産業、別荘、バイパスなどを含み、サヌールという慣習的なまとまりであるとともに、デンパサール市の一部を成すという重層的な空間としての地域像の共有をとおして、ナショナリズムと地域社会からの評価のバランスをとるための活動が生じてきたことが明らかとなろう。

このような地域社会における地域治安維持の脱構築、再埋め込みの試みも、その数年後にはデンパサール市警察によるコミュニティ・ポリシングの創出によって包摂される道をたどった（本書第5・6章）。それは、ボランタリーな組織から常勤職への転換、監視カメラの設置などの制度化をとおして広がりをみせた。さらに、中央集権体制崩壊後、警察や軍の影響力が弱体化するなかで地域社会から生じた様々な自警団を位置付け、再包摂する枠組や言説が適用されるようになった。

本書第7章では視点を転じてバリ島の多文化地域における自警団「シスカムリン」の事例をとりあげる。そこでは、比較的同質的な住民構成に依拠するサヌール地区とは異なり、いっそう多文化的な組織構成と、南西部観光地区のバックヤードという地政学的配置が地域リーダーに意識されることとなった。そのことによって、バリ島ナショナリズムと政府による制度化の試みの相対化がみられ、ジャワとバリの自警団を組み合わせた独自の「シスカムリン」が創設されるに至った。

以上のように、民主化・地方分権化からのおよそ一〇年、二度の爆弾テロを経るなかで、地域セキュリティは変容と包摂の間を揺れ動きつつ、「地域」を巡って新たな理念や活動が展開されてきた。次節では、セキュリティの概念を拡張することによってリスク社会や監視社会についての議論に言及しつつ、本書の試みをより社会学的な観点から位置づけたい。

第4節　「コミュニティ・ポリシング」から「地域セキュリティ」へ

以上、本書が対象とする地域治安維持活動について、地域社会研究の立場から、脱構築から社会構築へといたる事例の特徴を捉えようとすることについて論じてきた。ここで改めて「治安維持」という用語に着目すると、本書のモノグラフの射程においてその言葉の用法は狭義に留まることになる。本書は、地域社会における自警団や警察の治安維持活動に担われる「治安」そのものだけでなく、そこからいかなる地域像が創出されてきたのかについての社会構築的側面、地域社会を一定の方向に導き、新たな地域社会の創造を可能とする、より広義の活動を対象とする。

同様に、本書における「地域セキュリティ」は、「コミュニティ・ポリシング」とも異なるものとなる。途上国におけるコミュニティ・ポリシングについての議論は、社会の揺らぎに対して、合法的権力の唯一の源泉を国民国家に求めるウェーバー流の官僚制モデルか、公益に資するセキュリティを提供できない国家に対してインフォーマルなポリシングを行うコミュニティかという二極対立に集約されがちであり、これは上述してきた治安維持システムとほぼ同様の構図となる。(7)

これらに対して、本書で対象とする「セキュリティ」は、心理的な平穏、経済的・政治的な安定、社会的（道徳的）均衡を含意する。[8] このような広義の「セキュリティ」が地域社会によって論じられ、共有され、社会的価値をもつようになるという意味で「地域化」されたもの、第二の近代において反省的に自らの地域を見つめ直す機会を内包するものを「地域セキュリティ」としたい。この概念を用いることは、以下の三点において実践的な意義をもつ。第一に、暴力の占取を基礎とした「治安」の担い手やその活動・領域のみを意味するというよりも、むしろそうした先見を相対化する役目をもつ。第二に、国家によって単位化され導入される首尾一貫した単一の治安維持のシステムではなく、「地域化」された多層的な安全のシステムについての記述を可能とするとともに、第三節において論じた議論の相対化を概念レベルでもおしすすめることができる。第三に、それは、関連する組織や活動の形成をとおして多様な参加者をまとめあげ、新たな地域アイデンティティを形成するなかで政治的社会化を経る、社会政治的側面を包含することができる。そのため、市町村・県など、より広域の地域政治との節合可能性をもつ。

この「地域セキュリティ」を論じるうえで、社会学が対象とするところの一般社会をどのように想定するのかについても論じておきたい。本書は、都市社会学におけるコミュニティ研究の立場を背景とし、[9] M・ウェーバーの議論に依拠する第一の近代を踏まえつつ、第二の近代としてのリスク社会を想定する。バリ島において第二の近代を想定する場合、個人化の進展、相互関与の喪失（Bauman 2001＝2008）の影響の下、上述した家産制的・文化主義的な地域社会構造の一部が、多元的共同性の諸要素として地域社会に再埋め込みされ、変容しながらグローバルなリスクの影響を受ける社会であるといえる。

その具体的な社会現象として、バリ島研究者であるH・S・ノルドホルトが近年のギアツを批判する際に事例としているように、冷戦後、新自由主義の世界規模での影響力、民主化、地方分権化、プライバティゼーション、市民社会の勃興、自由市場、強い国家の破綻という状況を想定したい（Nordholt 2004 : 591）。関連して、一九九七年のアジア経済危機、二〇〇二年と二〇〇五年のバリ島爆弾テロ、山積するゴミ問題と洪水による環境破壊・生態系への影響などを視野にいれると、現代バリ島はU・ベックの言う「グローバルなリスク社会」（Beck 2002=2003）に直面していることは確かであろう。

第二の近代におけるリスク社会化を個人化のモーメントであるとすれば、それら個人がセキュリティのうちに結びつくような共同の様式として、D・ライアンによる監視社会論を前提とすることができよう。ライアンは、社会システム次元でのデータ（プログラム）の共有について論じるなかで（Lyon 2001=2002, 2007=2011, 2009=2010）、リスク社会において個人化が進んだ後、不安の共有を梃子として、監視の技術のうえに再包摂がなされることを明らかにしている。注意すべきは、ここで用いられる「監視社会」の像は、政府や警察による監視、住民同士の監視によって自由が奪われる社会というような社会像ではないということである。従来の、インドネシアを近代的警察国家への変遷として描く先行研究においてはそのような社会像が色濃く反映されてきたが、D・ライアンによれば、それはあくまで第一の近代の特徴を指し示すものである。第二の近代においては、リスク社会をとおして個人化が浸透するなか、監視とその技術に関わる諸活動が分散・離散した人々をつなぎとめ、それまでとは異なる様式によって人びとを包摂すること、同時に、社会システム間のプログラムが共有されるということが特徴となる。この段階において、セキュリティは多元的な社会関係の媒介や社会の創造的側面、社会化の側面を担う。他方で、同様の経路をたどりながらよりミクロな権力を発動させ、保険数理型権力に代表される新たな統治様式をうむことにもなる[(10)]。本書はこの両者の関わり、推移、分水嶺を明らかにする試みといえる。以上が、「地域セキュリティ」という視点によって、通時的には脱構築から社会構築に向かう段階、共時的には地域の重層性に着目する理論的背景である。

第5節　むすび

本章では、まず、多元的集団構成が都市空間やネットワーク論と関わりをもち、地域社会の論理・新たな社会構成原理として換骨奪胎され、再評価され得ることについて論じた。次に、先行研究においては地域社会が国家の論理に従属的なものとして扱われてきたこと、現在の地域セキュリティは必ずしもそのような枠組みに収まらず、脱構築の側面をもつことについて論じた。そのため、第二の近代におけるより広義の「地域セキュリティ」概念が必要となることを明らかにしてきた。

これらを踏まえて、本書においては、バリ島における地域セキュリティの試みを事例に、多元的共同性と複数帰属の特徴、その変化を踏まえつつ、様々な要素が融合的な領域を形成する変容過程において、その担い手が反省的にその機会を応用するような諸活動について論じたい[11]。そこで、各章の事例においては、地域社会が内包する多元的共同性がどのように地域社会に埋め込まれ、参照枠組みとして応用されているのかに着目する。ヘテラルキカルな構成のもとで伝統の意味を組み替えていくような多元的共同性の特徴については、次章第2節にてより詳細に論じていく。次に、実際の活動における構成要素・分野の多様性が融合的な領域を形成する際の、領域どうしの節合に着目する。具体的には第4章において地域セキュリティ（地域社会）とツーリズム（社会経済）が、第7章においては地域セキュリティと多文化要素が組み合わせられる。さらに、それらを基盤として、地域セキュリティの試みが、地域に資する限りにおいて反省的（reflexive）に制御され、組織されて行く過程に着目する。

【注】

（1）近年の社会ネットワーク論や社会関係資本に関する議論においては「構造的隙間（Structural Hole）」（Burt 1992）が着目されている。三隅は「構造的空隙が情報利益の形で橋渡し型社会関係資本の蓄積を条件づける」（三隅二〇一三：一二六）とともに、ジンメルを視野にいれながら「構造的空隙における行為者の位置を活用した漁夫の利的な立ち回り戦略」（三隅二〇一三：一三五）の可能性に触れ、構造的空隙の肯定的側面に言及している。

（2）これらの議論についてはバウチャー（Bourchier 1990）、バーカー（Barker 1999）、バリ島に関してはバース（Barth 1993：第7章・第8章）、ロビンソン（Robinson 1995）、地方分権化との関わりからはバーカー（Barker 1999）、水野（二〇〇六）、岡本（二〇〇六）を参照。

（3）増原（二〇一〇）は、多元主義のひとつとして岩崎による開発体制論をあげている。他方で齊藤（二〇〇九）は、開発体制論における地域社会への言及の欠落について批判し、ジャカルタにおいて開発体制に必ずしも包摂されない地域社会の自律的活動について、地域保健活動を担うポシアンドゥを事例に地域社会学の立場から論じている。

（4）パーカー（Parker 2003）は、バリ島カランガスム県の村落を事例として「近代moderene」「進歩maju」「開発pembangunan」などの言葉に着目しつつ、近代的な行政機構や教育・福祉システムが導入されていく過程を明らかにしている。治安維持の面についても、民間防衛（ハンシップ）（Parker 2003：第5章）と村落に駐留する軍人（Parker 2003：第6章）について論じている。

（5）例えば、A・ギデンズの「支配の弁証法」についての議論があてはまる。支配の弁証法とは、近代国民国家において「上位の人間なり集団が用いる統制戦略」と、それに誘発される「従属する人びとの側での対抗的戦略」という図式からなる（Giddens 1985＝1999）。

（6）D・ライアンは、ギデンズの支配の弁証法は制度全体へのアプローチであり、「国民国家が支配的な役割を果たす監視モデルに依存」しているため、「権力と支配の物語」の一部分のみを説明するものに過ぎないことを論じている（Lyon 2007＝2011：第8章）。

（7）他方で、コミュニティの多様性やコミュニティから警察権力への監視を視野に入れた議論もある（Kelling and Coles 1997＝

2004, Etzioni 2001＝2005）。しかしながら、それはあくまで州警察の独立性とコミュニティの自律性とのあいだにパワーバランスの動態がみられる米国に特殊な事例といえよう。

（8）ディリオン（Dillon 1996：125–128）によれば、「セキュリティ」という言葉はラテン語に端を発し、「配慮が無いこと、心配が無いこと、問題がないこと、動揺していないこと、平穏、簡単」を意味する「sine cura」の合成語である「securitas」あるいは「securus」を起源とする。この言葉は、キケロ、ストア学派によって心の動揺が無い状態、心の平穏として用いられ、ローマ帝政期には借金・債権の担保の意味、さらに帝国がもつ安全について政治的な意味、アウグストゥス帝の時代からその後まで、不注意であること、無謀であること、怠慢であることにも用いられた。このように、「セキュリティ」には、心理的、経済的、政治的、社会的（道徳的）側面が含意されてきた。

（9）地域セキュリティへの着目は、シカゴ学派以来の都市社会学の観点において底流し続けてきたといえるが、同時に、一般社会あるいは国家への言及のためにはネオ・マルクス主義の登場をまたねばならなかった。とはいえ、本書において中核をなす重層性・多元性からみた地域セキュリティという着眼点については、都市モノグラフがもつミクロへの視点がその構成を明らかにするうえで大きな貢献をしてきたことも確かであろう。例えば、W・F・ホワイトはボストン・ノースエンドのイタリア系スラム・コミュニティでの参与観察においてギャング集団生成に着目することで、「表通りのコミュニティ・ライフとは区別される、裏町のストリート・ライフの秩序解明に焦点化」（奥田二〇〇〇：三八二）し、「閉じた都市の中のムラ」や「社会解体」を前提した当時の社会認識によらないコミュニティ像を描き出した。そのなかで、警察官は、イタリア系移民が賭博を行っている地元の理髪店、「善良な市民」たるイースタンシティの住民の間で「二重の役割」を演じ、住民との間で交わされる相互の口論やなだめすかし、口説き落としをつうじて、時に地域の論理に丸め込まれるそぶりをみせながら、「対立的な行動基準をもった別々の社会組織のあいだで、潤滑油の役目を果たす」（Whyte［1943］1993＝2000：154）ことになる。ここでは、実態としての地域社会の多元性に際して、多元的な秩序が機能的に構成されていく様子を見てとることができる。さらに、こうしたホワイトの着眼点を応用するかたちで、E・アンダーソンは脱工業化段階の「社会解体」が圧倒的に進んだアフリカ系アメリカ人コミュニティでの参与観察から、具体的状況に即して臨機応変に対応する「臨床の知」としてのストリートワイズを見出す。それは、特定の公共空間や治安維持のためのセキュリティの空間が事前に想定されるような「上からのトランスナショナリズム」ではなく、相互行為をとおしてある状況における均衡をつくりだすための「ふるまい」「ふり」「装い」、言葉や歩きかた等によって、下から・現場から立ち上がってくるセキュリティを構成するものである。

（10）このとき国家はセキュリティがもつ可動的性格に応じてJ・アーリ（Urry 2000＝2006：第７章）のいう「猟場番人国家」と「造園国家」との間をゆれうごくこととなる。同時に市場は、保険数理データベースを構築し、影響力を強める。

（11）本書は、社会学者である市野川容孝による「複数帰属による安全」についての議論（村上・市野川一九九九）、M・サンデルの「地域から国家、さらには世界全体に至るまで、多層的な舞台において演じられる政治が要求されている。そのような政治において必要とされるのは、多層的に位置づけられた自己（multiply-situated selves）として思考し、行動しうる市民である」（Sandel 1996＝1999：64）という議論から着想を得たうえで、C・ギアツがバリ島地域社会に見出した多元的共同性を、現代の社会問題の分析や解決に応用しようとする試みでもある。

第2章　バリ島地域社会と多元的共同性のゆらぎ

第1節　はじめに

バリ島における地域社会のゆらぎは、中央集権体制崩壊と二度の爆弾テロによって矢継ぎ早に加速してきた。この間、国家による安全保障が大きな問題となる一方で、地域のセキュリティをいかに確保していくのかにも注目が集まった。もちろんそれ以前にも、四〇〇の言語と一万をこえる島々からなるインドネシアの統合の観点において、地域の治安維持に関しての議論は中核的なものであったといえよう。しかしながら、中央集権による統合から地方分権・分立へという傾向が強まるなか、地域社会が世界規模の社会変容にいっそう直接的に晒されはじめている社会的趨勢にあって、地域社会のゆらぎについての新たな議論が展開されている。それは、一九九九年の地方行政法以降、地方政府の自立の傾向が強まるなかで見出される諸問題として、地方財源の奪い合い、不均衡な開発推進、その影響と共に都市的生活様式の進展による地域環境の悪化や混乱として見出される。それと並行して、グローバル・ツーリズムによる資本主義経済の席捲と、観光業就労のための国内移住者の増大による都市環境への負荷や、それら移住者のインフォーマルセクターへの流入などがあげられ、これらが地域社会構造に影響を及ぼしている。

こうした問題をうけバリ島においても、地方政府だけでなく地域住民がローカルな場面でいかに対応し社会環境を維持していくのかが懸案となり、9・11米国同時多発テロ以降の世界的な保守化・右傾化の傾向に沿う「バリ島ナショナリズム」ともいえる動きが生じてきた。それは、バリ社会の動揺に対してバリの「社会-文化的な自己防衛の必要」(Nordholt 2005 : xvii)、「アイデンティティ、場所、文化を護る」必要(Naradha 2004 : ii)が叫ばれていることに端的にあらわれている。その最も明確な標語が、地元のテレビ番組や新聞を中心に盛んにとりあげられてきた「アジェグ・バリAjeg Bali(一貫したバリ)」である。本章第4節において扱うプチャラン(Pecalang)という伝統的警備隊の隆盛はその具体的な現れのひとつである。そのような自警団が時として見せる過剰な治安維持活動は、外来者に対する排他性を伴いながら、バリ人を統合しようとする動きとして生じている。「アジェグ・バリ」の標語のルーズさが、移民の排斥などの正当化に動員され、「文化と宗教の排他的なエスニック・プロファイル」(Nordholt 2005 : xxiii)を強化している。

以上を鑑みると、ゆらぐ地域社会における社会環境の維持と地域セキュリティというトピックは、特殊バリ的な状況の生起を背景としながらも、地方分権化とグローバル化が交差するところに、インドネシアの諸地域をはじめ各国の地域社会がもちうる諸問題と、地域社会による対応の傾向をあらわす事例であるといえる。このような背景を考慮すれば、インドネシアの地域治安維持組織についての近年の議論は、地方分権化や民主化についての議論が下敷きとなって新たな転換点(いわば「セキュリティ・ターン」)を迎えている。例えば、これまでの中央集権体制下の警察や軍を中心とした議論の一方で、地域社会におけるインフォーマルな暴力の多様性が取りざたされている(Baker 1999, 水野二〇〇六、岡本二〇〇六)。バリ島に関する研究についてみても、これまで観光と文化、アイデンティティのようなトピックが中心であったなかで、近年、地域セキュリティ組織に言及する議論が見受けられる(Vickers 2003,

Darling 2003)。ツーリズムに関してみても、バリ島にとどまらず世界的な傾向として、環境破壊・犯罪・テロリズムなど種々のリスクやセキュリティといった観点から分析されるようになった[1]。

以上のような社会状況と議論の展開を鑑み、本書は次の二つの着眼点をもつ。第一に、これまでの国家による集権的な統治・治安機構と、先行研究によって着目されはじめたインフォーマルな暴力との間に、地域住民による比較的フォーマルな地域セキュリティ組織の形成がみられるということである。第二に、それが、バリ島というこれまで文化・宗教の特殊性という点から捉えられてきた地域において、民主化の風を受け生じていると同時に、所与とされてきた地域社会像と構造・機能の変容がみられること、さらに、特に本書のテーマでもある地域社会の「多元的共同性」のゆらぎをみながらも、新たな地域社会の可能性を示唆しているということである。本章では、この第二の点、すなわち、第一の点の背景となる、社会および多元的共同性の変容について明らかにしたい。その後、続く章において、第一の点、新たな地域セキュリティ組織について論じたい。

第２節　バリ島の地域社会構成

１．デサとバンジャール

はじめに、バリ島の地域の特徴を、「慣習《アダット》－行政《ディナス》」（adat－dinas）という機能的な区分からみた地域構成と、「村落《デサ》－部落《バンジャール》」（desa－banjar）という上下の構成に着目・整理しながら説明しておきたい。バリ島の地域社会は、そのコスモロジーを体現する「デサ（desa）」と呼ばれる村落が中心となって形成されてきた[2]。デサには、伝統と慣習を担う

「デサ・アダット（desa adat）」と行政を担う「デサ・ディナス（desa dinas）」という、境界と成員を異にしながら重複する地域構成のまとまりが存在する。そのため、ある部落はAデサ・アダットとAデサ・ディナスに属するが、またある部落はAデサ・アダットに属しながらもBデサ・ディナスに属すということがある。

デサ・ディナスとデサ・アダットにはそれぞれ村長、秘書、会計、書記などからなる執行部が置かれているが、主としてデサ・ディナスでは出生・結婚・転居といった際の人口の登録業務を、デサ・アダットでは祭礼や儀礼に関する業務を行う。外来者においてはデサ・ディナスにのみに登録されるため、都市部に出稼ぎにきた農村部出身者は、都市部の住居のデサ・ディナスに属するとともに、出身地のデサ・アダットにも属することとなる。特に結婚した男性は出身地のデサ・アダットにおける宗教的祭礼や慣習行事への参加・協力が義務的に求められると同時に、居住地のデサ・ディナスにおける納税義務も生じ、帰属の多重生が強まる。

デサ・ディナスはオランダ統治時代に人口把握と徴税のために設置され、インドネシア独立以降も、バリをインドネシアという国民国家の一部とすべく強化され、政府の意図を地域に伝える回路とされてきた。その一方で、バリ社会の実体はデサ・アダットにあるとされる。デサ・アダットは、スハルト体制下においても、観光資源としての効用があるとされる限りにおいて活動の自律が許容された。そのため、行政機能の排除と儀礼面への役割の集中が進み、制度的区分と機能的な分化が明確なものとなっていった。

地域社会には村落（desa）の下に近隣住民組織の最小単位となる「バンジャール（banjar）」と呼ばれる部落が存在する。バンジャールは、水利組織《スバック》（subak）や会衆組織《プマクサン》（pemaksan）とともに村落政体（village polity）を構成してきた。それらは統合的な村落共和制を成したのではなく、「スカ（seka）」と呼ばれる多様な機能の個々別々の集団と共に、各々が部分的にのみ秩序を保ちつつ集積したものであった。そのため、アウィグ・アウィグ（awig-awig）と呼ばれる

図2-1　デサ（行政）とバンジャール（部落）、アダット（慣習）とディナス（行政）の関係

	アダット（慣習）	ディナス（行政）
デサ（村落）	デサ・アダット	デサ・ディナス
バンジャール（部落）	バンジャール・アダット	バンジャール・ディナス

出典：Geertz and Geertz（1975=1989），Geertz（1980=1990），鏡味（2000），Warren（1993），山下（1999）から筆者が作成

注）理念的には四種に分けられるが、本文でも述べているように、実際には、アダットとディナスは必ずしもその範域や人員が共有されているわけではない。バンジャールのレベルでは、両者はほぼ重なるが、デサのレベルでは比較的明確な区分がなされている。

慣習法典の保有が端的に示すように、各々のバンジャールはデサから一定程度の自律を可能としていた。多くの場合、デサに比べてバンジャールにおいては慣習（adat）と行政（dinas）の範域が重なっていた。とはいえ、デサと同様、国家の存立のなかに位置づけられて行くに従い、慣習と行政という区分が奥深く貫かれていった。

以上のような地域の特徴をもつバリ島において、地域住民組織がどのような性格をもつのかについては、慣習（adat）と行政（dinas）、村落（desa）と部落（banjar）といった特徴に着目することで、大まかな性格を析出することが可能であるとされてきた（例えばGeertz 1980=1990、Warren 1993）。図２―１は、この四つの特徴を組み合わせ、地域構成をしめしたものである。

このように、バリ島の地域構成は比較的明確に区分されてきたものの、今日のグローバル化や都市化に伴う問題は、そうした既存の地域の枠組みによっては捉えきれない、あるいは解決しきれないものとなっている（吉原二〇〇六）。すなわち、地域住民組織においてそれらの枠組みが相対化され、他の立場から戦略的に捉え直される変動の契機が見られる。本書で扱う地域セキュリティ組織の取り組みは、そうした研究動向や地域の状況と関連し、その内実を明示するものでもある。

２．多元的共同性

ここで、バリの社会の中核をなす「多元的共同性」の概念も明らかにしておきたい。

この概念は、C・ギアツによって展開されたものであり、バリ社会の複雑かつ多元的な構造を表すものである。ギアツはこの「多元性」の背景となる統治の様式を「劇場国家」として描いた。劇場国家を成すバリの王族と貴族たち、その臣民の関係性は、「道具的」ではなく「表出的」な出演者としての特徴をもち、各種統治や行政機構をかたちづくるよりも、宗教的・文化的儀式を実行するものとして存在した。儀礼は劇場国家の統治のために動員されるものではなく、劇場国家が儀礼に仕える存在であった。劇場国家は、その底辺において、「何百という縦横に交錯する村落の政体と絡み合い……宮廷演劇上演のための人と資材を引きずり出し」(Geertz 1980＝1990：158)、位階上のあらゆる点で、「地位を顕示する必要」と「その顕示を実現するために支持を集める必要」(Geertz 1980＝1990：158)とが拮抗していた。そこでは「王の配下など実質的に皆無だったから、側近も実質的に皆無であった……行政など実質的に皆無だったから、政策も実質的に皆無であった」(Geertz 1980＝1990：158)とさえ表現されるものであった。

その代わりに、九つの王宮のまわりに寄り集まった権力構造のみが存在した。中世ヨーロッパの王は神を権力の正統性として中心的・階層的に最上位の存在、隔絶した存在であったが、劇場国家においては宗教的儀式の完遂によって王が「模範的中央」となった。王はヒンドゥーのコスモロジーのローカルな解釈と共同しながら、自己を宇宙における不動の旋回軸として表出し続けた。王の支配力の及ぶ領域は、領土獲得によってではなく臣従関係を殖やすことによってなされた。境界は曖昧で、空間的に重なり、中心点(模範的中央)としての王はあくまで、伝統的な個人間の臣従関係や同盟関係によって成り立つ不安定なピラミッドに依拠するものでしかなかった(Geertz and Geertz 1975＝1989：143)。このピラミッドは、「独立的、半独立的、半々独立的な支配者達が作り上げる権力構造としての政体の、本質において拡散的で分節的な性格」(Geertz 1980＝1990：19)をもち、重層的な組織がそれぞれにバランスを保ちながら、下から積み上がってできたものであった。

このピラミッドが積み上がる力学は、「多元的共同主義」としてバリ島の地域社会を構成する。吉原（二〇〇九）が指摘するように、この概念についてはキャロル・ウォレン（Warren 1993）の説明ならびに一般化が明快であろう。バリ島南部の村落での日常生活は、特定の目的をもち「交差しながら半自律的である協同の単位を通して織りなされている」。それは、「バンジャール（banjar）」という市民共同体、灌漑や農業面をとりまとめる水利組織「スバック（subak）」、父系家系に基づく親族集団「ダディア（dadia）」ないし「ソロ（solo）」、家族や親族や祖先に関わる儀礼、地域儀礼を担う会衆組織「プマクサン（pemaksan）」、これら以外のことでそのつどの目的のために形成される集団（例えば、クラブや自由参加のサークル、ワークグループ等）「スカ（suka）」がある。

バンジャール、プマクサン、スカは、通常、ひとつのデサ（村落共同体）内からその成員を集める。他方で、スバックとダディアの成員資格は、複数のデサにまたがることが多い。バリ社会では、「家屋敷の場所によっておそらくは世帯の属するバンジャールが決まり、その農地の水源によってどこのスバックに加入しなくてはならないかが決まり、祖先との紐帯によってダディアの義務が規定され、個人の利益あるいは経済的な必要性によって自由参加のスカへの加入の基準が形成されている」（Warren 1993 : 8）。

このようにして「あらゆる目的のためにそれぞれ独立の集団があり、しかも一つの集団の目的はただ一つ」（Geertz and Geertz 1975=1989 : 38）というような組織的パターンが生じる。それは、「多様な機能の個々別々の集団が、部分的にのみ秩序を保ちつつ集積」（Geertz 1980=1990 : 61）し、「互いに重なり合いながらも一つにはまとまらない協同集団の複雑に絡み合いながらも高度に構造化された布置関係」（Warren 1993 : 8）として現れる。そのため、バリの村落の社会構造には、「強固な集合性と、しかしながら特殊に複雑でフレキシブルなパターンとの両者」（Geertz 1963 : 85）が見いだされ、「個人主義的ではない。しかし、にもかかわらず、その特殊で伝統主義的な方法においてむしろ自由主義的」（Geertz 1963：85）であることが可能となる。

3．多元的共同性の現代的文脈

以上のような多元的共同性についての議論には批判もなされてきた。永渕（二〇〇七：第1章）は先行研究をレビューするなかで、ギアツが王国の流動性を隠蔽し、実際の闘争については触れていないこと、水田をめぐる権限のなかで村落社会と王との関係がきわめて近かったこと、それゆえ移動してきた人々で形成された村落社会の共同性はきわめて低かったこと等をあげている。しかしながら同時に、模範的中央の神話はギアツが考えた以上に実際的な力を持っていた論じている。本書は多元的共同性が王国時代にいかなる実態にあったのかについては踏み込まず、むしろ、その諸要素が現代社会においてもつ意味に着目し、現代バリ島の特徴を分析するツールという点から、より社会科学的な観点に立つ先行研究に着目したい。

人類学者のJ・シェーンフェルダー（Schoenfelder 2000）は、バリ島における多元的共同性を社会科学的な観点から説明するために、人類学者のR・マクガイア（McGuire 1983）による複雑性complexityについての議論に着目している。マクガイアは、社会学者G・ジンメルやP・ブラウに言及しつつ、複雑性complexityが異種性/異質性heterogeneityと不平等inequalityからなると論じる（MacGuire 1983：93）。不平等は資源に対するアクセスの差異をさすが、バリにおいてみられる社会的区分の多くは異種性heterogeneityである（Shoenfelder 2000, 36–37）。異種性は、カテゴリ変数間の水平的な人口分布と、各々の名目変数に沿った垂直的な人口分布の両軸からなり、二人のランダムに選ばれた個人が、層化された変数（地位を決定する連続変数）の同じ位層に属さないか、あるいは同じカテゴリ集合に属していないという状態として現れる（McGuire 1983：101）。このような異種性を伴う関係性は、交差的intersectionalなものとして現れるが、それと対比的に、抽象的包括的区分と不平等（階層性）に依拠する関係性は同心円的concentricなものとなる[3]（McGuire 1983：117）。前者はより複雑であり、後者はより複雑でない状態を意味する（McGuire 1983：118）。

以上から、シェーンフェルダーは、バリ島の社会を名目変数が互いに横切り重層する、多様なカテゴリの別個の諸セットとして描いている。そこでは、異種のメンバーシップが重なり、それぞれのカテゴリが独自の目的をもつことで複雑さを形成している（Schoenfelder 2000：37）。シェーンフェルダーは、そのような特徴をまとめる視点としてクラムリー（Crumley 1995）の議論を参照し、ヒエラルキカルなものではなく、ヘテラルキカルで自己生成的な秩序形成であると論じている。前者はひとつの中心をもつが、後者は多中心的で、さまざまな契機において中心とその布置構成が変化する。

シェーンフェルダー（Schoenfelder 2005：410）によれば、多元的共同性のこのような原理において、階層どうし、党派どうしの争いは重要なものであるとみなされる。争いに加わる者は、集合的実体としてほとんど存在が認識されないようなインフォーマルな集団から、フォーマル化され自己意識をもったバリの信徒集団までにわたる「権力のヘテラルキー」（Crumley 1995）を用いて政治組織に対抗する。それらの集団は国家と同様の権力を持ち合わせていないため、既存の伝統を充当したり意味内容を変更したりして、新しい諸形式や伝統にともなうコストを避けつつイデオロギーに基づく運動を展開する。

シェーンフェルダーが多元的共同性を社会科学的な観点において位置付けようとする一方で、S・ランシングはより文化人類学的な観点をとり、西欧のキリスト教的世界観にもとづく近代社会科学の知性を相対化しながら、ルイ・デュモンの「ホモ・ヒエラルキカス」（位層的人間）および「ホモ・エクアリス」（平等的人間）に言及している（Lansing 2012：1-11）。そのなかで階層性については、バリ島のヒンドゥー的世界観およびバリ語における上位・下位の存在にみられる伝統的ヒエラルキーと、資本主義社会において生じる階層性とが異なることについて論じている。同様に、地域社会がもつ民主主義的特徴として、西欧出自の民主主義的平等と、バリ島の近隣住民組織やスバック（灌漑組織）にみられる多元的共同性における民主主義的手続きの違いについても論じている。後者においては、すべてのバリ人がいずれかの住民組織およびスバック（スカ）に属し、数々の集会が催され、平等主義的な態度や会話が厳密に守られ、対話は長時間におよび、議論が尽くされたと成員全てが納得したのちにようやく投票が行われる。ランシングによれば、これは、西欧出自の民主主義よりもいっそう民主主義的でさえあり、その機会はバリ島における日常生活世界のあらゆる領域に存在し、近代以前から長い歴史をもつしくみである。

これらの議論をふまえると、本書が地域セキュリティの観点から近隣住民組織に着目するときに、特に重視する特徴が明らかとなる。地域社会において地域セキュリティを担う各要素の布置構成はどのようなものか、それは、ヘテラルキカルで自己生成的な横断的・非階層的・重層的社会構成（多元的地域セキュリティ）の特徴をどの程度もつのか、ヒエラルキカルな同心円的社会構成（近代的集権的治安維持機構）といかなる関係を結ぶに至るのか、伝統にともなう意味内容をどのように応用しているのか。これらの点に着目して各事例を位置づけることができよう。

第3節　グローバル化・都市化による地域社会の変容

前節ではバリ島の伝統的な地域社会構成について論じてきたが、もちろん、それが現在全く変わらずに存在しているわけではない。バリ島では二〇世紀初頭からツーリズムの影響がみられ、インドネシア独立後、中央集権体制の確立のなかでマス・ツーリズムが勢いを増し、国家、市場、文化社会という様々な側面から「バリ島の伝統・文化とは何か」についての葛藤が強まっていった。地域社会はそのなかで、批判、反批判、定立、反定立といったダイナミズムをふくむ文化を生み出してきた（Suryawan 2005 : 190）。そのようなダイナミズムもまた、多元的共同性がもつフレキシブルな特徴に依拠するものであったといえよう。

しかしながら同時に、中央集権体制をとおした地域社会の再編、地方分権化以降いっそう顕著なものとなったグローバル化と都市化の影響のなかで、多元的共同性がもつレジリエンスの閾値はこえられ、バリ島の地域社会システムは大きく変容している。本節ではバンジャールを対象とした筆者らによる量的調査等を参照しながら、そのような変容の特徴を明らかにするとともに、第4節ではバリ島ナショナリズムの興隆に言及したい。

1．人口増による社会問題の噴出

バリ島においてツーリズムに伴う開発と社会変容は、観光に直面した地域社会や労働従事者だけでなく、労働者の送り手側であった遠方の村落にもさまざまなかたちで影響を及ぼしてきた。一九六〇年代のマス・ツーリズムの展開以降、一九七四年のバリ州政府条例において、観光を地域社会から切り離し、地域の文化と観光のための文化を区別し別々に発展させていこうとする方針がとられた（Picard 1996）。しかし結果として、バリ島全土において、伝統のゆらぎと再解釈、社会関係の合理化、消費文化の流入が生じてきた。デンパサール市とその周辺、南部平野地域はその最先端であった。本書の主な事例はそのなかに位置する。

図2―2はデンパサール市の地図である。北側には丘陵地帯へと続く平野と水田が広がり、ギャニャルやタバナンといった近年郊外としての開発がすすむ地区へとつながる。東側は海に面した観光地サヌール、南側には広大なマングローブ林、西側は国際空港を含むバドゥン県に接し、世界的に有名な観光地区であるクタも目と鼻の先である。中

図2-2　デンパサール市

出典：Dinas Tata Kota dan Tata Bangunan（2008）

心部には比較的大規模のデパートが集積するダウンタウンや、バリ集の政治的中枢であるレノン地区を有する。そのほとんどの部分には毛細血管のように張り巡らされた細い道がはしり、一方通行である箇所も多く、観光客にはもちろんのこと、バリ島農村部からやってきた人びとにとってもまた迷路のような様相を呈す。デン（北）パサール（市場）という名前のとおり、大小の市場が集まるとともに、人や自動車、バイクが行き交う道には多くの店が立ち並んでいる。

デンパサール市（Kotamadya Denpasar）は、一九九二年にバドゥン県から独立し、バリ島の他の八県（Kabupaten）と同様の規模、権限をもつ特別市となった。特別市は県とともに、第一級地方自治体（Daerah Tingkat I）である州（Propinsi）に次ぐ、第二級地方自治体（Daerah Tingkat II）に分類される。デンパサール市の近年の人口推移をみると一九九五年には三六万四、四一九人、二〇〇五年には四六万三、九一五人、二〇一〇年には七八万八、四四五人（Badan Pusat Statistik Kota Denpasar 2010）となった。一九九五年から二〇〇五年の一〇年間ではおよそ一〇万人増であったことに対して、二〇〇五年から二〇一〇年までの五年間で三〇万人以上の増加となり、その大部分はバリ島外からの移住者である(4)。

人口の増大は、デンパサール市に数々の都市問題を引き起こしている。例えば、水の供給の問題として、特に二〇〇五年以降水不足の傾向が顕著であり、二〇〇五年には秒間六五リットルの不足であったが、二〇一〇年には四六二リットルの不足にまで増大した（Jakarta Post 2010. 5. 24）。ゴミの増大も問題となっている。デンパサール市におけるゴミの排出量は毎日二、〇〇〇から二、五〇〇立方メートルであり、朝晩の収集がなされているが、そのうち六〇％に対応出来るのみであり、残りの四〇％は各家庭や地域による対応にまかされている状態である（Jakarta Post 2010. 6. 28）。そのうちの六〇％は、分別がなされないまま最終集積所へと移される。

写真2-1　サヌール地区近郊のごみ最終集積所
出典：筆者による撮影（2014年9月）
注）写真左上；遠方に臨むゴミの山、右上；ゴミの山の中を進む人、左下；ゴミを捨てにくるトラックの列、右下；見渡す限りのゴミ

写真２—１は南東部に位置するサヌール地区の中心部から六キロメートルほどの場所にあるゴミ最終集積所（TPA : Tempat Akhir Pembuangan）の様子である。(5)広さは東西約五〇〇メートル、南北約二〇〇メートルほど、積み重なったゴミの高さは場所によって一〇メートルをこえる。そのゴミの山の中心部に立つと、地平線まで延々とゴミの台地が続いているようにさえみえる。二〇一四年九月の時点で、毎日トラック約四〇〇台がゴミを捨てに訪れる。この集積所に隣接してゴミの分別工場が建てられているが、二〇〇六年から半年間の操業を行ってから以降は、故障と運営資金難のために可動していない。当初の計画では、ゴミ分別工場にて廃棄するゴミを二〇％にまで減らした後にＴＰＡへと移すとともに、生ゴミを専用の区画に集積し、メタンガス発電を行う予定であった。メタンガス発電について、当初は三機で三メガワットの計画とされていた。しかしながら現在では二機の建造に留まり、一機は故障のまま運

写真2-2　スコール後の洪水と渋滞

出典：筆者による撮影（2010年9月）

注）写真左手、街路樹のすぐ左側にある幅・深さともに1メートルほどの水路から水が溢れている。こうした光景はデンパサールでは日常的なものとなった。濁った水により水路が見えず、観光客が流され水死する事故も起きている。

営資金の目途が立たず、ＴＰＡの一部から直接ガスを取り入れるかたちで一機のみが稼働し、出力は六〇〇キロワットほどである。

同様に、近年顕著にみられる社会問題として、交通渋滞の悪化があげられる。二〇〇五年の自動車所有台数は一三万九、五八六台、自動二輪では一〇二万七、一三六台であったものが、二〇〇九年には、それぞれ一六万八、八六三台、一三二万七、〇二六台と増加している（Badan Pusat Statistik Propinsi Bali 2010）。バリでは公共交通が発達しておらず、路線はバリの道路の二・一％をカバーするのみであり、利用者は全人口の四％でしかない（Jakarta Post 2010. 2. 3）。洪水が道をふさぐことにより、交通渋滞はさらに悪化する（写真２―２）。

バリを訪れる観光客の増加もまた問題悪化に拍車をかけているといえよう。二〇〇五年には国外から一三一万二、二九四人、国内他島から五四万八二五人、二〇〇九年にはそれぞれ、一九六万六、八三三

図2-3　デンパサール市における違法建築の種類の変化

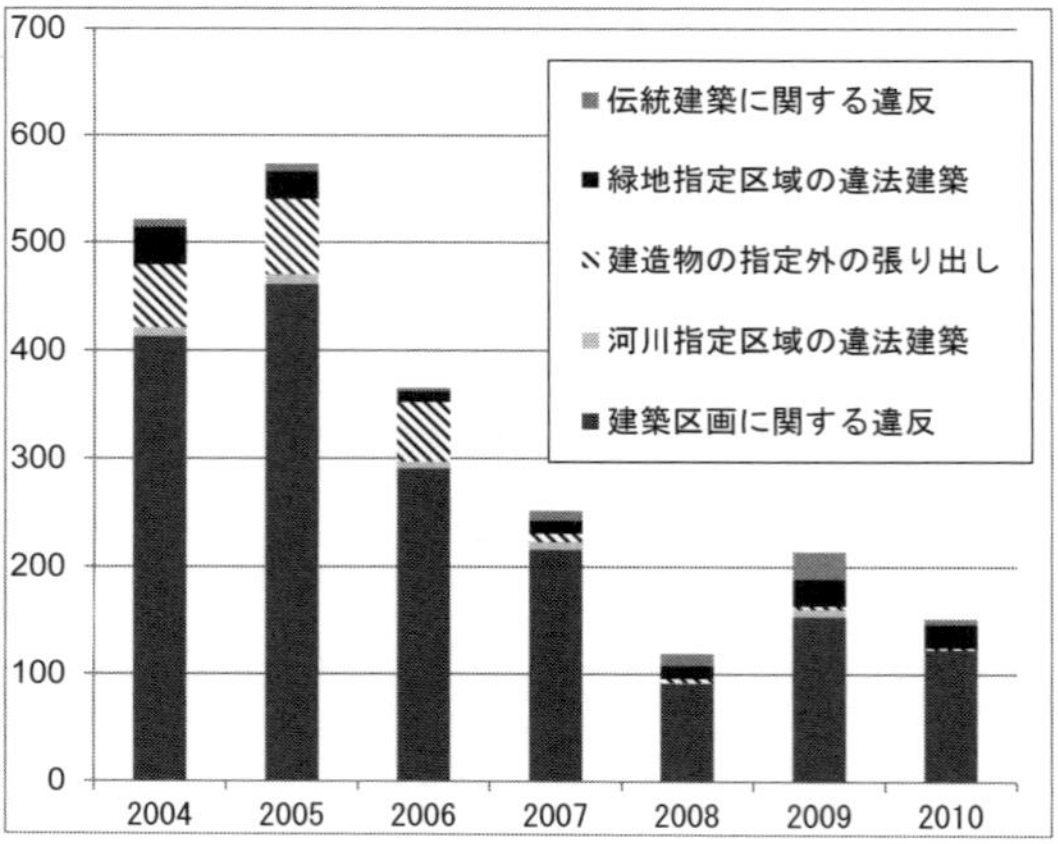

出典：Dinas Tata Kota dan Bangunan Kota Denpasar（2004–2010）から筆者が作成

人、六二万九、五三八人となっている（Badan Pusat Statistik Propinsi Bali 2010）。近年では、バリ島において国際会議が開かれることも多く、ホテルの数、客室数もなお増加している。観光客、居住者の増加は、ホテル、ヴィラ、住居の開発の増加にもつながり、昨今ではグリーンベルト、農業用途区域、集水域、オフィス用途・小規模企業用途区域への違法建築、三〇％のオープン・スペースを厳守しないものなどもみられるという（Jakarta Post 2011.7.27）。図2―3はデンパサール市における違法建築の種類の変化を示している。二〇〇八年まで総数を減らしてきたが、その後、緑地指定区域の違法建築については増加傾向に転じている。

建築だけでなく、すでにある住宅の不法利用もみられ、不動産コンサルタントや行政担当者によれば、個人宅であるヴィラを無申請のまま賃貸として貸し出す外国人が増加しているという。同様に、ある税金コンサルタントの話によれば、二〇〇二年の時点では、外国人顧客一五件の国籍をみると、日本人六、オーストラリア人四、ノルウェー人一、オランダ人一、韓国人一、インド人一、中国人一であり、その全ては就業に関する税金についての相談であった。しかし二〇〇八年の時点では、外国人顧客を含む三五件の担当の全てがヴィラのオーナーからのものであり、建物や敷地、使途に係わる税金についての相談であった。

２．多元的共同性の変容

以上のような都市問題は、多元的集団構成を担った各組織、慣習の変容あるいは衰退と相俟って生じているといえるが、その前提として、インドネシアが国民国家として独立し、中央集権体制の展開をとおして生じた近代化の影響も看過することはできない。例えばＳ・ランシングは、緑の革命をとおしてバリ島の水田開発と灌漑施設の近代化がなされるなか、水路に機械式の稼働門が設置され、スバックに上意下達の管理体制が導入されることで多元的共同性が崩れたこと、スバックの寺院は文化的要素ではなく管理的要素へと転換されていったことについて論じている(Lansing 2012 : 1-11)。

同様に、都市部の状況については、吉原直樹がデンパサールのインナーシティのバンジャールを例として次のように論じている（吉原二〇〇九）。都市型のバンジャールにあっては、「バリ文化における集団主義志向と社会的行為のインフォーマルで表出的な面」は見られず、「行政（ディナス）目的に訓化した道具主義的な諸組織／スカの布置構成が特徴をなしている」（吉原二〇〇九：一一九）。そこでは、多元的集団構成のコスモロジーがいまなお保持されている面がみられるとはいえ、「型（構造）としては維持されながらも機能としては変容を遂げている」（吉原二〇〇九：一二六）状況である。その一例として、ゴトン・ロヨンという相互扶助活動への参加者が減少し、現金での支払いによる代替となっていることがあげられよう（Hobart, Ramseyer and Leemann, 1996 : 第8章）。同様に、永野由紀子（二〇〇九）はデンパサールのスバックがジャワからの外来者によって形成され、宗教的儀礼の要素を失っていることを明らかにしている。

表2-1　バンジャールにおける年平均活動回数の比較
（デンパサール市とその他の県）　（回）

	祝祭	寺院儀式	葬式	結婚式	ゴトン・ロヨン	プサンティアン	ガムラン	バリ舞踊	スポーツ	バザー	行政活動	役員会
	***	***			***				***			*
デンパサール市平均	1.4	2.3	2.3	3.1	11.8	10.9	7.7	5.4	8.7	0.6	10.6	4.2
他県平均	3.4	3.7	2.3	4.6	18.8	13	10.8	4.1	38.3	0.4	8.8	6

注1）***：0.1％水準で有意；*：5％水準で有意
注2）プサンティアンとは、宗教的祭礼時に唱われるヒンドゥー教宗教歌の歌い手の集まり

さらに、筆者らが実施・分析に関わったアンケート調査(6)の結果からもその傾向をよみとることができる。表2—1は、そこで得られたデータを用い、平均の差を求めるt検定を行うことにより導かれた表である。ここから、多くの活動においてデンパサール市ではその回数が低いことがわかる。他方で、有為な差としては析出されていないものの、行政活動についてはデンパサール市のほうが他県よりもより多く行われ、デンパサール市内のバンジャールのその他の活動と比較しても、行政活動の多さが目立つ。同様に、ゴトン・ロヨン（相互扶助活動）の回数が他県と比べデンパサール市では顕著に少ないことがわかる(7)。

このような多元的集団構成の変化（河川管理や水田管理の組合の影響力の低下）、温暖化がもたらす天候不順、洪水といった要因によって持続的な耕作を不可能にするような環境変化が生じ、そこに人口増を利益に転化しようとするディベロッパーによる開発の増加が重なり、耕作放棄地が買いたたかれるかたちで農地の宅地への転換が生じているとみることができる。ここでその様態は、郊外の大規模開発というよりは、高密度少数分譲区画の増加であり、比較的小規模の虫食い状の開発とみることができる（表2—2）。しかも、開発を規制するはずのデンパサールの都市計画は、一九九九年作成のものを一〇年間運用している状態であり、違法建築の取

表2-2　デンパサール市における民間分譲住宅開発状況

年	分譲地区開発受付数	審査中	総分譲戸数	総分譲面積（㎡）	一地区の平均戸数	一地区の平均分譲面積（㎡）	一戸の平均面積（㎡）
2001	8		180	24,985.6	22.5	3123.2	150.2
2002	8		152	34,409.9	21.7	4915.7	238.1
2003	34	18	306	47,460.8	19.1	2966.3	168.6
2004	14	4	169	19,463	16.9	2162.6	140.7
2005	49	5	734	105,471.2	16.7	2397.1	154.6
2006	52	5	762	104,591.3	16.2	2225.3	151.8
2007	26	5	229	23,401	10.9	1114.3	102.2
2008	47		712	128,005	15.1	2723.5	179.8
2009	32		448	73,563	14.0	2298.8	164.2
2010	22		440	75,448.83	20.0	3429.5	171.5

出典：Dinas Tata Kota dan Tata Bangunan（2001–2010）より筆者が作成

り締まりにも限界が生じている。警察をはじめとして各種法の執行にあたる治安維持組織は、一九九八年の中央集権体制崩壊以降、混乱のなかにあり、各種規制・法違反の取り締まりにおける実行力を弱めてきた。

さらに、今日のバリ島では、以上のような不安定な社会状況とともに二度の爆弾テロの経験をとおして、地域の安全への関心、伝統や慣習の強化の機運が高まっている。南西部の海浜観光地区サヌールでは、他の観光地と比較して安全であることに価値をおくために、監視カメラを設置したり新しい自警団を組織した（本書第4章・第6章参照）。分譲住宅開発のなかには、警察署から近く安全であることを売りにするものもある（Hishiyama 2010）。バリ島のゲーテッド・コミュニティは、社会的不安からの逃避、高まるナショナリズムと文化的対立からの逃避、伝統や慣習の逸脱に対する制裁措置からの逃避といった動機によっても促進されている（菱山二〇一二）。

表２―３もまた表２―１と同様のアンケート調査の結果によるものである。ここから、バンジャールの定例会・臨時会の議論事項として、「寺院の儀式」、「寺院の維持・管理」というバリ島伝統文化の根底にある宗教的儀礼に関わる問題に次いで、「防犯・消防などの地域安全

表2-3　バンジャールにおける問題と定例会・臨時会の議論事項の関係（複数回答）

定例会・臨時会の議論事項（ここ三年間）		バンジャールの問題 会員の協力が得られない	ゴトン・ロヨンの衰退	地域問題に対応できない	活動資金の不足	役員のなり手の不足	行政との関係	活動の担い手の不足	世代間の断絶	無関心層の増大	アウィグ・アウィグに従わない人	合計
寺院の維持・管理	度数	40	86	20	205	121	23	38	37	25	16	267
	列%	75.5%	82.7%	76.9%	83.3%	85.2%	85.2%	79.2%	78.7%	75.8%	80.0%	82.9%
寺院の儀式	度数	39	87	20	220	124	25	43	37	27	18	278
	列%	73.6%	83.7%	76.9%	89.4%	87.3%	92.6%	89.6%	78.7%	81.8%	90.0%	86.3%
冠婚葬祭	度数	33	77	19	198	115	21	40	36	26	15	250
	列%	62.3%	74.0%	73.1%	80.5%	81.0%	77.8%	83.3%	76.6%	78.8%	75.0%	77.6%
祭礼	度数	36	82	20	198	116	23	43	34	23	13	256
	列%	67.9%	78.8%	76.9%	80.5%	81.7%	85.2%	89.6%	72.3%	69.7%	65.0%	79.5%
防犯・消防などの地域安全確保	度数	38	84	17	208	118	22	43	32	28	16	265
	列%	71.7%	80.8%	65.4%	84.6%	83.1%	81.5%	89.6%	68.1%	84.8%	80.0%	82.3%
地域内のまとまり問題	度数	37	84	16	200	122	23	44	38	26	15	263
	列%	69.8%	80.8%	61.5%	81.3%	85.9%	85.2%	91.7%	80.9%	78.8%	75.0%	81.7%
困りごとの解決	度数	37	79	16	198	115	23	37	36	25	17	259
	列%	69.8%	76.0%	61.5%	80.5%	81.0%	85.2%	77.1%	76.6%	75.8%	85.0%	80.4%
役員の選出	度数	31	68	12	172	98	22	37	27	19	11	216
	列%	58.5%	65.4%	46.2%	69.9%	69.0%	81.5%	77.1%	57.4%	57.6%	55.0%	67.1%
各種団体・組織への協力	度数	22	52	12	147	92	17	35	24	16	12	188
	列%	41.5%	50.0%	46.2%	59.8%	64.8%	63.0%	72.9%	51.1%	48.5%	60.0%	58.4%
伝統芸能・文化の振興	度数	20	50	11	137	81	10	25	20	14	11	170
	列%	37.7%	48.1%	42.3%	55.7%	57.0%	37.0%	52.1%	42.6%	42.4%	55.0%	52.8%
スポーツ活動	度数	30	58	11	145	84	14	31	24	17	10	188
	列%	56.6%	55.8%	42.3%	58.9%	59.2%	51.9%	64.6%	51.1%	51.5%	50.0%	58.4%
バレ・バンジャールの運営管理	度数	33	75	17	210	118	21	40	30	22	16	259
	列%	62.3%	72.1%	65.4%	85.4%	83.1%	77.8%	83.3%	63.8%	66.7%	80.0%	80.4%
行政への協力	度数	18	46	15	144	80	17	30	25	16	10	176
	列%	34.0%	44.2%	57.7%	58.5%	56.3%	63.0%	62.5%	53.2%	48.5%	50.0%	54.7%
合計	度数	53	104	26	246	142	27	48	47	33	20	322

出典：筆者等による調査から筆者が作成

確保」についての議論が活発であることがわかる。さらにクロスする項目をみると、バンジャールに生じている様々な問題と関連し、いずれも回答されている割合が高い。近年、バンジャールに生じている問題は、地域セキュリティとの関わりから捉えられている側面がある。

第4節　伝統的警備隊とバリのナショナリズム

1．伝統的警備隊への着目

アジア経済危機の影響によってスハルト体制が崩壊すると、中央集権の地域治安を担ってきた地域安全システム（Sistem Keamanan Lingkungan, 略称SISKAMLING）[8]の官僚制的統御の側面は弱体化し、地域の安全・治安の再構築が大きな問題となった。多くの観光地のホテルや店舗は私的にガードマンを雇った。職を失った人々のなかには、プレマン（preman）とよばれるギャングとなり、ガードマンを襲撃し、自分たちを雇うようにと圧力をかけたり、みかじめ料を取る者達もいた。観光地域は行商や手押し屋台、新聞売り、物貰いといった様々なインフォーマルセクター労働者がひしめき、観光客への執拗な押し売りや、顧客をめぐるコンフリクト、ゴミの増加や交通渋滞もみられるようになった。同時に、悪質な商売の店舗、スリや強盗もみられ、地域社会は早急の対応を迫られていた。

そうしたなか、地元紙『Bali Post』の二〇〇〇年六月一六日づけの記事では、バリ島中西部に位置するタバナン県にて、自発的なセキュリティ・システム（system pengamanan swakarsa）として特別な伝統的警備隊（pecalang khusus）が設置され、地域セキュリティの中心的役割を果たすとともに、警察や軍との協力も視野にいれられている様子が報告さ

写真2-3　警察とプチャラン
出典：筆者による撮影（2006年8月）

れている。同様に、二〇〇一年四月一八日付けの記事では、バリ・ヒンドゥーの総本山であるブサキ寺院にて、参道の観光客を目当てに大挙して押し寄せる行商にたいし、聖なる地域を維持するために伝統的警備隊（pecalang）が組織される旨が報告されている。さらに、同紙二〇〇五年六月一三日付けの記事では、地方選挙時の安全確保に動員される様子、二〇〇六年六月二七日付けの記事では、不法漁業や自然破壊行為に対する海防へとのりだす様子を見て取ることができる。二〇〇〇年以降、このように、バリの伝統的な装束として白黒の市松模様の腰布（saput poleng）をまとい、短剣（keris）を腰にさしたプチャラン（pecalang）と呼ばれる警備隊が自警団の役割を担いはじめた。同時に、各地でプチャランによるインフォーマルセクター排除の動きがみられるようになった（Vickers 2003, Soethama 2004, Suryawan 2005）。

プチャラン（伝統的警備隊）とは、一般に、宗教的祭礼時のみ交通の整理や人の誘導を行う、バリの伝統的装束をまとったガードマンのことを指し、その名はバリ語で「凝視し見守る者、監督する者」を意味する。成員は各バンジャール・アダットから選出され、活動はデサ・アダット単位で行われることもある。ウィドニャニとウィディア（Widnyani and Widia 2002）によると、歴史的にこの組織は、ヒンドゥー教伝来と同時に社会生活の助力のために各地で整備された住民組織を指すが、一九世紀末までの諸王国時代には寺院の警護、植民地政府下では商人達の警護、スハルト体制下においては祭礼時の交通警備に役割が限定され、規模や人員も縮小されるというように、一貫した役割や

写真2-4　ハンシップとプチャラン
出典：筆者による撮影（2006年8月）

組織形態があったわけではない。[9] 新秩序体制をとおして文化は物質的次元において概念化されるようになり、日用品のように生産され売り買いされるものとなった（Nordholt 2007：403）。それは同時に、文化が盗まれるものとなったということを意味しており、一九九〇年代には寺院での盗難が発生した（Nordholt 2007：403）。その犯人はジャワ人とされることが多く、プチャランは、寺院だけでなく村落領域を不審なよそ者（＝他島からの移住者）から守るという役目を担うようになった（Nordholt 2007：403）。

　サヌールとクタでは、一九九六年にはプチャランの活動が活発になりはじめていた（Nordhort 2007：401）。しかしながら、プチャランがより大々的に注目を集めるようになったのは、メガワティ前大統領の所属政党である民主党メガワティ派、後の闘争民主党（Partai Demokrasi Indonesia-Perjuangan：PDI-P）によって、一九九八年一〇月にサヌールにおいて開かれた党大会からである。

　この時、プチャランは党のガードマンの役割を担うよう都市部を中心に招集され、バリの民族衣装をまとい寺院の儀式に出席するメガワティとともに、その勇壮な警備姿がマスメディアによって報道された（Widnyani and Widia 2002）。インドネシアの全国紙『KOMPAS』の二〇〇〇年一一月二八日付けの記事によれば、期間中、二、〇〇〇人の警察、一、四〇〇人の軍人による警備とは別に、党付きの警備として一、二〇〇人のプチャランが動員されていた。同記事によれば、スハルト退陣から五ヶ月経過してなお、ハビビ大統領は民主党メガワティ派の動きを警戒しており、メガワティ派にとって党の側にたつ警備員の準備は難しい状態にあった。そのため、同党にとってバリ島にて党大会を開催する利点は、「インドネシアにおいて一番の外貨収入源である観光地バリでは、国軍が暴力で党大会を妨害することは不可能」（秋尾二〇〇〇：二六六）であることであった。それに加え、メガワティの祖母がバリ島北部シンガラジャ出身であり、プチャランの名前は身近なものであったこと、そうした親バリ的なイメージのうえに警備員を確保できることもまた、大きな利点であった。この党大会以来、各地でプチャランが組織されるようになり、影響力を強め、二〇〇一年のバリ州政令には、デサ・アダットにおける地域セキュリティの一端を担うとの規定が盛り込まれるまでに至った（Propinsi Bali 2001）。

さらに、新聞社バリ・ポスト・グループのリーダーであるサトリア・ナラダ（Satria Naradha）による二〇〇二年からのアジェグ・バリ（Ajeg Bali）（本章第1節参照）キャンペーンが後押しし、バリの社会を護る尖兵としての役割が確固としたものとなった（Naradha 2004, Suryawan 2005）。ナラダは、一九四八年にバリ・ポストを設立したクトゥット・ナダ（Ketut Nadha）の息子であり、ナダが二〇〇一年に他界するまでチーフ・エディタを担い、その後はバリの文化を守る道徳的運動のリーダーを自認するようになった（Nordholt 2007 : 410）。二〇〇五年一月には一〇人のアジェグ・バリヒーローを宣伝するとともに、ベストアジェグ教師、アジェグ生徒、アジェグパフォーマンス、アジェグ儀式などの競技をとおして学校にキャンペーンを広めた（Nordholt 2007 : 412）。その結果、アジェグ・バリキャンペーンは、バリ文化と宗教の排他的なエスニック・プロファイルを強化する道具となり、文化の名の下にプチャランによる暴力を正当化することとなった。その一方で都市知識人および中産層がバリを表出する機会を与え、階級・カースト・宗教・エスニシティのコンフリクトを消去する方向性もみせた（Nordholt 2007 : 413）。

2．伝統をめぐる議論

しかし、プチャランの活動の広がりに関してはバリ島内でも賛否があった。賛成する意見としては、プチャランこそ地方分権化と民主化を担うものであり、これまで政府によって強められてきたデサ・ディナスに対して、バリの精神を体現するデサ・アダットが自立できる契機であるとする（Widnyani and Widia 2002, Naradha 2004）。ウィドニャニとウィディア（Widnyani and Widia 2002）は、その延長に、デサ・アダットがデサ・ディナスの機能を担うことさえ可能であると予測する。また、二〇〇五年一月二一日付けの『Bali Post』では、これまで行政の側面において組織されてきた民間防衛（Pertahanan Sipil, 略称HANSIP）[10]は、慣習の側面を担うプチャランにとって代わられるべきであるとの意見が出された。

その一方で同記事では、行政と慣習の明確な機能区分がなくなることで、プチャランが政府の活動の一部となってしまうのであれば、アダットの活動が制限されてしまったり、逆に、政府の活動自体が伝統的・宗教的に神聖化されてしまうのではないかという点も指摘された。同様に、反対する意見として、スルヤワン（Suryawan 2005）は、地域によってプチャランの暴走ともとれる事態がみられることにたいして警鐘をならしている[11]。プチャランの躍進を危惧するそれらの意見によれば、例えば、法的には禁止されているにもかかわらず、地域住民、特に外来者やインフォーマルセクター就労者の住民票チェック、立ち退きの強制、住居の取り壊しや屋台の襲撃に携わることさえあるという

(Suryawan 2005, Nordholt 2007 : 404)。近年では、住民登録証を持たない移住者から罰金をとり、それをデサの活動やバンジャールの建造物の諸費用にあて、地域社会の持続可能性のための歳入に転化してさえいる(Suryawan 2005 : 194)。二〇〇二年の爆弾テロ以後は、断食月明けにジャワから戻ってくる移住者を警察とプチャランが審査するという活動がみられた(Nordholt 2007 : 404)。

以上のように、プチャランに関するデサ・アダットの伝統のシンボルやヒンドゥーのコンセプトは、バリの地方自治や文化保護の言説に正当性を付与するために利用されている。そうしたなか、本来、思考の葛藤のなかにあり、批判、反批判、定立、反定立といったダイナミズムをふくむものだった文化は、慣習村(デサ・アダット)の権限が増すことで、プチャランによって護られるべき物的・静的なもの、なんらかの目的のために用いられるものとなってしまった(Suryawan 2005 : 190–191)。この傾向は、アジェグ・バリ(Ajeg Bali)におけるバンジャールの慣習法典「アウィグ・アウィグ(awig-awig)」の扱いにもあらわれている。アスティティによれば、本来、アウィグ・アウィグは固定的なものではなく、各条項を足したり引いたりできるものであり動的な意味体系をもつものであったが、アジェグ・バリの柱のひとつとされることで、特定の条項が絶対のものとされ静的なものとされる傾向にある(Astiti 2010 : 49–50)。

スルヤワン(Suryawan 2005)のようにプチャランに対して懐疑的な意見は、そうしたプチャランの活動と、それを求めさえする地域の状況に、民族主義あるいはファシズムの徴候をみいだすものである。加えて、プチャランどうしの連携は無く、お互いの活動内容や警備の理念についての共通認識、情報共有があるわけでもない(Suryawan 2005)。それらはあくまで点としての活動であり、その限りで面としての地域に計画的に寄与することは難しいとされる(Suryawan 2005)。

こうした批判からすれば、プチャランの互いに隔絶した散発的な活動は、従来、行政面での仕事とされてきた住民票チェックの活動等を通して政府との関係を結ぶことで、政府の意向によって方向付けられ、制御される可能性をもつといえる。加えて、これまでバリ島の伝統は、バリというひとつの州が国家のなかにいかに位置づけられていくのかという点から創造・調整されてきた側面をもつこと（鏡味二〇〇〇）、同様に、「アジェグ・バリ」もまた国家との関係から地方エリートの権力維持・境界線の再調整を基軸にした呼びかけという特徴をもつことを考慮すれば、プチャランは地域における伝統を基礎とした凝集の様態という一面をもちながら、依然として政府による介入の余地を残すといえる。[12]

その後、二〇〇四年には州政府例によりプチャランが世俗法により明確に規制されるようになるが、本書第7章では、それを契機として町政府がプチャランに近代的要素を付与し、制度的にコントロールしやすい組織構成へと道を開いたことについて論じる。同様に、プチャランの包摂ということに関しては、本書第5章において、デンパサール都市警察による自警団包摂の試みであるBANKAMDES（デサ安全助成）プロジェクトによる統合について論じる。

第5節　むすび

以上明らかにしてきた現代バリにおける地域社会の揺らぎは、次の二点において特徴をもつものである。第一に、近代化における脱埋め込みを経た伝統が、グローバル化において再埋め込みされるという、後期近代の特徴を一定程度見せているという点である。その埋め込みの過程において、近代的に構造化され分化してきた諸分野が、揺らぎをともない再度構造化され、新しい領域を形成することになる。

第二に、スルヤワン（Suryawan 2005）の議論にあるように、これまで、バリ島が揺らぎをともないながらグローバル化や都市化に対応してきた、そのメニズム自体の揺らぎである。既に論じたように、二〇世紀中葉にマス・ツーリズムに直面したバリは、地域の伝統文化の保護のために、観光に用いられる文化と切り離し別々に発展させる方針がとられ、いわば州政府による構造化された文化-観光の対抗図式がとられた。しかしながら、後者における錬磨のなかから、前者において埋没していた伝統的舞踊が生じるなど、相互の発展がみられた。このことをもって、ピカール（Picard 1996）は、文化を観光するのではなく、そもそも観光文化となってバリ島のダイナミクスを生みだしているとした。現在、そのような、伝統と近代の相互関与ではなく、鏡味の言う「伝統の符号化」によって近代と対置させられる伝統が生じているともいえよう（鏡味二〇〇〇：序章）。

このときの揺らぎとは、揺らぎから新たなものを生みだす創造性自体の揺らぎということになる。それは硬直化へと向かう揺らぎである。換言すれば、揺らぎの創造性を担保してきた地域社会の重層的構成（多元的共同性）が、グローバル化によって変容しようとするとき、埋め込みに際して地域社会の動態なき硬直的な構成が生じている。

そこからなお、一定のずれを伴いながら共同性と多元性・重層性を生みだす地域セキュリティがいかに可能となるのか（第3・4・7章）。あるいは、治安行政がグローバル化のなかで強まる新自由主義的個人や市場、新たな調整様式を取り入れ伝統やコミュニティを言説として取り込むことで、方向付けられたセキュリティが生みだされるのか（第5・6章）。続く各章は、その分水嶺を探る試みでもある。

【注】

（1）ツーリズムに対する政治不安やテロリズムの影響という観点は、一九九〇年代前半から存在する。九〇年代の議論は、いわば国家やそれに包括されたマスとしてのツーリストに、非常事態としてのテロや政治不安が外から影響を与えるといった枠組みをもつ（例えばPizam & Mansfeld（1996））。しかしながら、二〇〇一年以降、ツーリズム自体が細分化し、テロリズムが人口に膾炙するなかで、リスクとセキュリティがより直接に旅行の動機に影響を与えたり、一地域のツーリズム・プランニングに組み込まれるような新たな状況を生んでいる。

（2）地域構成についてはGeertz and Geertz（1975=1989）、Geertz（1980=1990）、鏡味（二〇〇〇）、中村（二〇〇九）、Warren（1993）、山下（一九九九）を参照。

（3）ここにジンメルの社会分化論における社会圏についての議論の影響をみることができる。

（4）インドネシアの人口およそ二億人のうち、八割近くがイスラム教である一方で、バリ島人口およそ三〇〇万人の約九割がヒンドゥー教徒である。バリ島外からの移民の存在を論じる場合、こうした宗教の違いだけでなく、インドネシアにおける三〇〇以上の民族の存在、五〇〇以上の言語といった民族・文化的な違い、多様性と、その接触にともなう様々な摩擦や文化変容が含意されることになる。ベネディクト・アンダーソンがインドネシアを舞台として「想像の共同体」を論じたのも、こうした多文化状況と一万八千あまりの島々からなる広大な領土にあって、それをまとめあげるための統治の技術を、端的に見て取ることができたからであるといえよう。

（5）TPAの状況については二〇一四年九月に現地にて行われた職員への聞き取りから。

（6）アンケート調査は二〇〇三年八月一六日から二八日まで、ウダヤナ大学日本研究センターの協力のもと、吉原直樹東北大学教授（当時）による監修のもとに行われた。母集団はバリ島にある四、三一六（当時）の各バンジャールのバンジャール長であり、一〇％ランダム・サンプリングを行い、四〇二票が回収された。回収率は九三・七％であった。

（7）C・ギアツの劇場国家論における模範的中央の理論に依拠すれば、歴史的には王宮が位置する都市部において宗教的儀礼はいっそう複雑かつ盛んであったといえるが、ここではむしろデンパサールにおける停滞の様子をみてとることができる。近年ではツーリズムと行政の近代化のなかで宗教的儀礼の一部が形式化され、コンテストなどを通じて改めて活発なものとなるという傾向がある（鏡味二〇〇〇）。このことを考慮した場合には、行政の影響力が強まればそれだけ（形式化された）宗教的儀礼も活発なものとなるということが推定され、一部「バリ舞踏」において若干その傾向が見られるが、全体に顕著なものとはいえない。以上から、デンパサールにおける数値は近代的な都市化の影響を端的に表しているといえよう。

(8) 以下、スハルト体制期の地域治安維持機構として、民間防衛組織(Pertahanan Sipil, 略称HANSIP)からなる地域安全システム(Sistem Keamanan Lingkungan, 略称SISKAMLING)についてはBarker(1999)を参照。

(9) その他にも、例えばメンウィ王国では王宮のスパイとしての役割をもっており、村落次元のシステムに包摂されていたわけではないという報告がある(Nordhort 1996:150)。

(10) 一九八二年にスハルト中央集権体制下の末端に設置された地域治安維持組織。バリ島においてはデサ・ディナスのレベルに設置され、人員もデサ・ディナスを単位として招集された。

(11) ダーリン(Daring 2003)はプチャランを市民軍(militia)と呼び、その軍人主義(militarism)的傾向が、バリ人の集産主義や、権力に屈しつつもその引き替えに多くの楽しみや社会的調和を生み出す性向に対する危機となるとしている。

(12) 鏡味(二〇一〇)は近年の移入者と慣習村の対応についての調査から、移入者管理において「近代行政機構のかわりに地域慣習を活用しているものの、慣習の復興による民族意識の覚醒や自己主張というよりは、もっと実務的な対応のように見える」(鏡味二〇一〇:二二)と論じている。そこからデヴィッドソンとヘンリー(Davidson and Henly 2007)の議論を検討し、両者が慣習村復興の文脈のひとつとしている変革期におけるNPOの乱立は、慣習村の枠組みを基盤としていること、それゆえ「世界的動向への呼応というよりも、国内の文脈における自己主張の枠組みの収斂、強化といった側面が強い」(鏡味二〇一〇:二二)こと、変革期以前から自己主張の枠組みとして慣習村がしばしば持ち出されてきたことを主張している。そのため、シュルト・ノルドホルトとクリンケン(Nordholt and Klinken 2007)による「境界をめぐる交渉」という観点のほうがより適切であるとし、アジェグ・バリについても同様の文脈に位置づけ論じている。

第3章　南東部海浜観光地区サヌールの発展

第1節　はじめに

観光と安全については、これまでも、テロリズムや政治体制の動揺が観光に与える影響という観点から論じられてきた。すなわち「犯罪、暴力、政治不安や無法状態が悪化している場合、それらは、観光地域としてのイメージに大きな損害をもたらす」(Bloom 1996 : 91)ものであった。しかし、そうした議論は、テロや政治不安が国家を背景として生じ、国家による安全保障の内に捉えられ、解決されようとしてきたことが前提とされている。そのため、「地域」の位置づけに着目した場合、セキュリティの観点から、観光地域形成のために地域社会そのものが活動するという議論は無い。あくまで、観光と地域社会とが切り離され、前者に後者が参加することで雇用機会や開発への理解を導き、犯罪と暴力を減らすという図式である(Bloom 1996 : 99, Hall and O'sullivan 1996 : 117, Hall, Timothy and Duval et al. 2003)。

現在、地域社会は、地域治安維持・セキュリティの観点から観光に参加させられるべきものであるというよりも、グローバル化とリスク社会化のなか、セキュリティに関わる活動を通して地域を形成し、観光の基盤を形成するいっそう中心的な役割を担い始めている。特に、一九九八年から地方分権化が急激に進むインドネシア、バリ島にあってその傾向は顕著である。その際の「安全・安心」は、犯罪・暴力に対する治安の次元を超えて、観光と結びつくことでより広義の地域セキュリティを成し、地域らしさや風景の創出と不可分なものとなる。そのため、これまで一般犯罪への対応だけでなく、路上でのスリやひったくり、販売におけるすり替えや金銭トラブルなど、さらには、観光客を取り囲む行商人、交通の邪魔になる手押し屋台といった対象への取り組みが重要なものとなる。

こうした背景のもと、観光地としてのサヌール地区の特徴を明らかにしつつ、観光インフォーマルセクターの動向および土産物店に着目することで、近年のサヌールにおける地域社会経済の推移を明らかにしたい。その際、地元住民が行商として観光セクターに加わった後、他島からの就労者の増加をうけて店舗販売に移行する時期（第一期）、店舗販売が古典的形態と近代的形態へと分化する時期（第二期）、二〇〇〇年に遂行された地域制御活動以降（第三期）という三つの時期に区分して論じることとしたい。次の章では、安全と観光をめぐる地域社会について論じるが、本章はその背景としての地域社会経済環境の特徴とその変化について明らかにしておきたい。

第2節　対象地域の概況

1. 数字からみるサヌール

次に、本書の中心的な調査対象地域であるサヌール（Sanur）地区について説明する。ここでいう「サヌール」[1]とは、バリの州都デンパサール市の中心から南東に六キロほどに位置する南デンパサール郡（Kecamatan Denpasar Selatan）のことをさすが、郡長は県・市からの任命であったりと、自治的な行政機構をもつ行政単位というわけではない。三

表3-1　サヌール（2000）1) 2) とバリ島全体（2001）の住民就業状況（単位：人）

サヌール			バリ島全体		
稲作	529	7.0%			
農業	0	0.0%			
漁業	138	1.8%			
畜産	200	2.7%			
農林水産	867	11.5%	農林水産	549,955	34.7%
鉱業・採掘	0	0.0%	鉱業・採掘	7,481	0.5%
電気	32	0.4%	電気・水道	2,706	0.2%
商業	1,564	20.8%	商業、レストラン・ホテル	374,297	23.6%
工業	1,065	14.1%	工業	239,374	15.1%
運輸・通信	524	7.0%	輸送、貯蔵・通信	68,329	4.3%
銀行業・会計	85	1.1%	財政・金融・不動産	30,920	2.0%
行政（公務）・サービス業	1,547	20.5%	サービス業・個人事業	185,560	11.7%
			建設	124,546	7.9%
その他	978	13.0%	その他	749	0.0%
計	7,529	100.0%	計	1,583,917	100.0%

出典：Badan Pusat Statistik Kota Denpasar（2000：40-41）、Badan Pusat Statistik Propinsi Bali（2001：55）
注1）Sanur Kauh、Sanur、Sanur Kaja の合計
　2）サヌールにおける農林水産は、稲作、農業、漁業、畜産の合計

つのデサ・ディナスと三つのデサ・アダットの下に二七の部落（バンジャール）が地域を構成しており、住民から総称して「サヌール」とよばれる地域の実態は、そのような自治的・多元的要素の集合である。

二〇〇〇年の時点で居住者三万一、七一三人、九、三九五世帯を擁し、三〇〇万のバリ島人口の一％を占める。(2) 面積はおよそ一〇・六平方キロメートル、人口密度は三、〇〇〇人／平方キロメートルである。転入率は二・四％、転出率は一・七％であり人口移動は少なく、宗教はヒンドゥー教信者が九〇％以上を占めており、居住者の同質性は高い。もっとも、近隣地域から多くの観光業就労者が集まり、住民として登録されていない昼間人口はかなりの数にのぼるため、昼夜の人口の流動性は高いと推測される。

表３―１はサヌールの住民登録者とバリ島全体の就業形態を示している。バリ島全体では、三四・七％が農林水産業に従事している一方、サヌールでは一一・五％と三分の一である。商業、工業は同程度であるが、運輸・通信、行政・サービス業はバリ島全体のほぼ二倍となっている。

地域内総生産額（表3―2）に占める割合として、協同組合を示す「11.その他d.社会的事業」に続き、「2.加工産業」と「11.その他（c.工業と手工業）」などの工業一八・四%、「7.商業」と「11.その他（a.ホテル）」など商業・宿泊業一三・八%と続く。バリ島全体と比べると、農業（二一・一%）の全生産額に占める割合は一〇分の一となっている。また、商業・ホテル（一三・八%）においても、バリ島全体において総額に占める割合からみると、およそ三分の一である。他方で、工業（一八・四%）、「8.銀行・金融組織」と「9.住宅賃貸」と「10.土地貸し」など金融・不動産（一〇・〇%）ではそれぞれ二倍となっている。[3] 工業は土産物品などの手工業品、不動産は外国人向けの貸別荘や土地貸しなどを意味し、それらが地域内生産額の割合の多くを占めていることがわかる。商業については、例えば、ングラ・ライ国際空港界隈に大型のショッピングモールが多く存在する隣県、バドゥン県のクタ周辺と比べると、サヌールには比較的古いタイプの土産物店が立ち並び、割合が低くなっていると考えられる。

ホテルについては、そのグレードからみると、バリ島全体の五つ星ホテルは三二あるが、そのうち二三は隣接するバドゥン県に位置し、サヌールが含まれるデンパサールでは三である（Badan Pusat Statistik Propinsi Bali 2001: 293）。星つきのホテルの客室数をみると、バリ島全体で一万七、〇二七室あり、バドゥン県では一万二、九三三、デンパサールでは二、九三九となる（Badan Pusat Statistik Propinsi Bali 2001: 294）。このように、ホテルの数・規模においても、隣県がサヌールを含むデンパサールに大きく水をあけることになる。観光地において商業・ホテルは大きな位置を占めると考えることができるが、この点からすれば、サヌールはどちらかといえば豪勢なホテルやショッピングモールを売りにするのではなく、店舗型の土産物店や小・中規模の手頃なホテルが目につく場所であるといえよう。とはいえ、バリの伝統的な農村・農耕イメージからすれば、サヌールはそこから大きく隔たる観光地域であるといえる。

ここで、サヌールの中心地の様子を描写しておこう。サヌールの代名詞ともなる、南北に貫く目抜き通りのダ

表3-2　サヌール地域内生産額[1]（単位：ルピア）とバリ島全体の地域内総生産（2000）（単位：百万ルピア）[2]

サヌールの地域内総生産	(Rp)		バリ島全体の地域内総生産	(百万Rp)	
1. 農業	1,317,200,000	2.1%	農林水産	3,403,269	20.6%
11.その他（b. 畜産）	43,342,000	0.1%			
小計	1,360,542,000	2.1%		3,403,269	20.6%
2. 加工産業	1,944,800,000	3.0%	工業	1,588,835	9.6%
11.その他（c. 工業と手工業）	9,900,891,692	15.4%			
小計	11,845,691,692	18.4%		1,588,835	9.6%
3. 鉱業・採掘業	0	0.0%	鉱業・採掘	114,892	0.7%
4. 電気・ガス・水道	931,500,000	1.5%	電気・ガス・水道	206,380	1.3%
5. 建築	456,170,000	0.7%	建設	687,510	4.2%
6. 輸送・電信	4,045,537,885	6.3%	輸送・通信	1,867,935	11.3%
7. 商業	7,177,360,850	11.2%	商業、ホテル・レストラン	5,479,792	33.2%
11.その他（a. ホテル）	1,736,000,000	2.7%			
小計	8,913,360,850	13.8%		5,479,792	33.2%
8. 銀行・金融組織	1,595,598,615	2.5%	金融・不動産業	981,519	5.9%
9. 住宅賃貸	4,296,700,000	6.7%			
10. 土地貸し	550,000,000	0.9%			
小計	6,442,298,615	10.0%		981,519	5.9%
11. その他					
d. 社会的事業（共同組合）	26,860,122,000	41.7%	サービス業	2,179,853	13.2%
e. その他の事業	3,533,548,000	5.5%			
	64,388,771,042	100.0%		16,509,986	100.0%

出典：Desa Sanur Kaja（2000）、Desa Sanur Kauh（2000）、Kelurahan Sanur（2000）から筆者が作成、バリ島全体についてはBadan Pusat Statistik Propinsi Bali（2001），375-6

注1）Sanur Kauh、Snur、Sanur Kaja の合計

2）サヌールの項目は、バリ島全体の項目にあわせ順序を入れ替え、いくつかの項目をひとつにまとめている

ナウ・タンブリンガン通り（Jalan Danau Tamblingan）には、小規模で比較的古いタイプ、すなわち道路に面しドアや壁が無く、歩道と店内との境界がそれほど明確ではないような土産物店やレストランが連なる。通りを挟んで内陸側には比較的安価な宿泊施設、海岸に面しては中・高級ホテルが並ぶが、その多くはバンガロータイプのものか、高層階でも三階立てほどのホテルである。滞在客はビーチで過ごしたり、通りを歩いてショッピングを楽しんでいる。静けさ、落ち着き、昔ながらのバリらしさが残る場所といわれ

るサヌールではあるが、観光の中心をなす目抜き通りを含むかたちでそのように言われはじめたのは、ごく最近のことである。

一九六〇年代はじめ、日本の戦後賠償の一環として、三〇〇の客室数をもつ一〇階建てのバリ・ビーチ・ホテルが建設された。それを契機に、バリ島初のマス・ツーリズムの要所として政府による開発が進められて以来、サヌールは多くの観光客を集めてきた。一九六九年から一九七四年にかけて、サヌールのホテル客室数は四〇〇から一、八〇〇へと急増し、一九八一年には二、一〇〇室、一九九四年には三、二〇〇室（等級付けされたもので二、四五〇、その他で六〇室）となった（Picard 1996 : 75）。

しかし一九九〇年代に入ってからは他の観光地の躍進から、観光客の出足が鈍りはじめた。その一方で種々のインフォーマルセクター就業者がひしめき、交通渋滞を引き起こし、観光客を巡る争いや喧噪につつまれ、地域をいかに方向付けていくのかが大きな問題となっていた。そうした状況から、古き良きバリらしさを残すといわれる今日のサヌールの環境が形成されるまでには、地域セキュリティを巡るいくつかの動向が大きく影響している。

2．地域セキュリティ活動による転換点

一九九七年七月にタイにて発生した経済危機は、広くアジア諸国に影響を与え、インドネシアにおいて最も深刻な危機を引き起こした。観光客は一二・六％減、日本人では三六％減となった（鈴木二〇〇〇）。他方、バリ島における観光客数をみると、九七年に一二三万三一六人、九八年には一一八万七、一五三人と三・五％の減少であった（Badan Pusat Statistik Propinsi Bali 2001 : 290）。このように、インドネシア全体からすれば、バリ島の被害は小さかった。そこに、就労難に喘ぐ人々がツーリズムによる利益にあずかろうと押し寄せ、路上には多くのインフォーマルセクター就労者

が出現し、観光客を狙ったスリや強盗、置き引きといった犯罪も増加することとなった。一九九八年の中央集権体制の崩壊により、地域の治安維持体制が一時的な混乱に陥っていたことも治安の悪化を招く要因であった。

サヌールの地域セキュリティにおいて地域に資する活動が可能となるには、制度的な側面の整備と地域住民による組織化をまたねばならなかった。その端緒となったのは、二〇〇〇年五月一〇日に承認された、地域環境の保全と美化についてのデンパサール市政令である。この政令によって、特定の就労形態を違法なものとして定義しなおすことが可能となった（以下Walikota Denpasar 2000bを参照）。その内容には、路上駐車の禁止、届け出のない場合に公共施設内での販売の禁止、手押し屋台などカートやそれに類するものを用いた路上や公共の場所での商売の禁止、罰則などが謳われている。

このデンパサール市政令は、環境との関わりからインフォーマルセクターの一定の制御を可能とし、地域セキュリティ活動の指針となるものであった。そこで問題となったのは、インフォーマルセクター就労者による観光客への対応、治安、交通、ゴミの散乱といった、観光客や地域イメージに対する影響だけではなかった。それは、一九九九年四月二九日、近隣の海浜観光地クタにて、地元の屋台組合に属していた移動式屋台が焼き討ちされるという事件が端的に示した問題だった（Vickers 2003）。すなわち、一九九七年のアジア経済危機以降、就労機会や文化的差異を巡り他島からの移住者とバリ人との軋轢が高まるなか、行商や移動式屋台といった存在自体が、潜在的なコンフリクトの可能性をもつようになっていた。

次の節ではインフォーマルセクターについての先行研究を整理し、その後、改めてサヌール地区の社会経済状況を三つの時期に分節化して明らかにしたい。

第3節　観光とインフォーマルセクター

1. インフォーマルセクターの定義

インフォーマルセクターとは何か、その定義については、国や地域の状況によって各種の議論があるものの、年代ごと、政策やその背後にある政治経済的な各国の文脈、それにともなう研究関心によって時代毎に区分することができる（以下、区分については遠藤二〇〇三、田坂一九八九：序章を参照）。一九六〇年代に入って発展途上国に広範にみられた露天商や行商人、輪タク運転手、廃品回収業者、売春従事者、家事労働者や家内工業従事者などは、近代の「産業」にあてはまらない就労形態であった。一九七〇年代以前の研究では、それらを潜在的な失業者の一時的滞留地として、インフォーマルセクターを否定的に見る議論が中心であった。一九七〇年代には、「労働」としての特徴、「貧困」問題とのかかわりから、インフォーマルセクターとフォーマルセクターという区分が明確となった。それと平行して、都市インフォーマルセクターは特定の経済組織や社会階層としてではなく、いくつかの社会階層に共通する機能や状態として扱われるべきであると論じられた。そこから帰結したインフォーマルセクター像は、都市の過剰人口が「産業予備軍」としてスラムに集積し、不安定就業者として都市底辺に滞留するというものであった。ここにおいて、貧困問題との関連から都市移住者、スラム住民、インフォーマルセクターがほぼ一体のものとされるようになった。他方で、インフォーマルセクターの役割として、地方出身者が都市生活に適応していく「訓練の場」、あるいは「域内」市場への参入資格とインフォーマル情報を取得する「待機の場」という特徴が見出され、否定的側面の相対化も見られるようになった。

しかしその概念や定義ということに関しては、後の三〇年間にわたる様々な議論においてもなおゆらぎをもつが、[4] 現在、経済学的特徴から最も一般的には、ケニヤを事例になされたＩＬＯの規定が用いられている（Cole and Fayissa 1991, Cukier-Snow and Wall 1993）。そこでは、低い参入障壁、現地資源の利用、家族経営、小規模経済単位、労働集約的で低い技術水準、公教育外での技術習得、公的規制のない競争市場があげられている[5]（ILO 1972 : 6）。社会政治的側面からは、低賃金、不規則な労働時間、非永続的な労働契約、法登録のない主体、社会保障の枠外にある主体とされる。存在形態からは、家内労働者、零細・小企業、自営業に区分できる（遠藤二〇〇三）。いずれにしても、論者ごとにその定義は一定ではなく、特定の就業形態や特徴をもつ労働を「インフォーマル」とする、観察者の政策意図や政治経済的な文脈に大きく依存してきた。

Ｒ・Ｃ・ライスはインドネシアの事例を分析する際に、インドネシア中央統計局による定義を採用し、「インフォーマルセクター」を自営業者（self-employed persons）と家族就労者であると定義している（Rice 1997）。ライスによれば、この単純な定義によって、インフォーマルセクターを質的に類別し、賃金労働者を雇用しているような零細企業経営を除くことができる。同様に、インフォーマルセクターのサイズを測ることができ、国際比較が可能となる。Ｒ・Ｃ・ライスはこの定義にコール＝フェイッサの分類を踏まえ、「他に職業を得る機会がないので、やむを得なくそうした就労となっている」というインフォーマルセクター観を一蹴する。ライスに従いコール＝フェイッサの議論を見ると、都市労働力は三類型に分類される。[6] 第一に、「近代的労働力（Modern labor force）」であり、専門的、技術・事務的、保護されたブルーカラー、保護された非熟練労働が含まれる。保護された非熟練労働とは、（社会的・民族的・地域的）資格が必要であったり、協同組合があるような非熟練労働のことである。それとはほぼ反対に、「自給

表3-3　インフォーマルセクターの定義

	フォーマル	インフォーマル	
R・C・ライス		自営業・家族就労	
コール＝フェイッサ	近代的労働力	インフォーマルな労働力	自給労働力
	専門職	所有・管理・労働者	家事・手伝い
	技術職		路上就労者
	事務		雑多な簡易サービス
	保護されたブルーカラー	非保護ブルーカラー	
	保護された非熟練労働		非保護非熟練労働
		徒弟制	

出典：Cole and Fayissa 1991、Rice 1997より筆者が加筆作成

労働力（Subsistence labor force）」があり、家族従業員、路上就労者、種々雑多な簡易サービス、保護されていない非熟練労働である。種々雑多な簡易サービスとは、固定資本をほとんど持たず公教育を必ずしも必要としない、路上駐車管理人、靴磨き、路上ミュージシャン、ナイフ磨ぎなどである。さらに両者の中間に、「インフォーマルな労働力」、すなわち所有者・管理者、保護されていないブルーカラー、徒弟を特徴とする労働力が存在する。ここでいう所有者・管理者とは、小規模の商店の所有者、商店所有家族のなかの労働成員などであり、所有・管理・労働が一人あるいは親族によって担われる。こうした分類をまとめたものが表3―3である。

このような三分類からすると、インフォーマルセクターにおける「所有者・管理者」は、フォーマルセクターにおける「保護されていない非熟練労働者」よりも高い賃金を得ていることになる。他方で、インフォーマルセクターにおける「路上業者」や「雑多な簡易サービス業」は、フォーマルセクターにおける「保護された非熟練労働」ならびに「保護されたブルーカラー」よりも少ない賃金を得ている（Rice 1997：40）。J・クキエとG・ウォールも同様に、フォーマルさの程度と得られる賃金は必ずしも対応していないと論じている（Cukier-Snow and Wall 1993, Cukier and Wall 1994a, 1994b, Cukier 1998a, 1998b）。このように両者は、フォーマルセクターとインフォーマルセ

クターとの賃金の違いという面で、むしろ積極的にインフォーマルセクターへと参入する労働者がいるということを明らかにしている。

さらにコール＝フェイッサ（Cole and Fayissa 1991）によれば、インフォーマルセクターは、孤立して隔絶されたものではないとされる。インフォーマルセクター同士、あるいはフォーマルセクターと密接に関連していることが多い。インフォーマルセクターのサービスやグッズの提供先がフォーマルセクターであったり、フォーマルセクターの下請けを行うインフォーマルセクターが存在する。同様に、その盛衰もフォーマルセクターと関係している。都市においてインフォーマルセクターへの需要が高ければ、セクター自体の成長が促される。しかし、市場全体で労働力不足がおこり、賃金が上昇し、仕事を得やすい環境であると、インフォーマルセクターはフォーマルセクターに代えられて行く。両セクターが直接競合する場合にもインフォーマルセクターは減少する。しかし、政府による規制が無いという条件のもとであれば分業関係が成り立ち、両者が共存し得る。

2. インドネシアのインフォーマルセクター

以上のようなインフォーマルセクター研究に対して、インドネシアおよびバリ島についての研究は、先進国を前提とした研究を相対化し、経験的データに基づかないそれらの研究を批判する役割を担ってきた（Cukier 1996, 1998a, 1998b, Cukier and Wall 1995, Cukier, Norris and Wall 1996）。従来、先進国における観光インフォーマルセクターは、社会職業的地位が低く、収入も少なく、止むを得ず就労するものとされてきた。しかしながら、インドネシア、バリ島における研究では、むしろ社会職業的地位が高く、就労機会が肯定的に捉えられ、ジェンダーの観点から女性の就労機会と地位向上の役割をもってきた点が評価される。

ここではさらに具体的に、ジョグジャカルタのインフォーマルセクターについて、ティモシーとウォール（Timothy and Wall 1997）の研究を参照することによってその特徴を明らかにしたい。インドネシアの場合、インフォーマルセクターは一九八〇年代から一九九〇年代まで減少傾向をみせた（Rice 1997）。その原因は、経済成長がフォーマルセクターの労働力不足を生むような方向へと進んだこと、インフォーマルセクターの成長率は低いこと、政府による規制が強まったこと、フォーマルセクターの起業がインフォーマルセクターに比べていっそう競争的になったことであった（Rice 1997 : 54）。しかし、観光地に関して言えば、海外資本や巨大資本に圧迫されたり搾取されるという感覚をもつ地元住民にとっては、インフォーマルセクターは地元経済への参加と雇用の機会となる（Timothy and Wall 1997）。さらに、地元インフォーマルセクターに対して観光プランナーが寛容であるほど、産業と地元住民との軋轢が解消される。

ティモシー＝ウォール（Timothy and Wall 1997）は、ジョグジャカルタの観光地におけるインフォーマルセクターを調査することで、その特徴を明らかにした。出身地として四二％が地元、二九％が近隣から、また二九％が他の州からであった。途上国では女性がインフォーマルセクターに加わる可能性があり、ジョグジャカルタでも三〇％が女性による就業であった。多くのインフォーマルセクターは近隣の都市不法占拠地に住む生産者から仕入れを行い、組合をもち、公的な承認と保証を引き出し、貯蓄や貸し出しも行っていた。就業場所も、空間的に整然と秩序だっていた。ジョグジャカルタの路上就労者はそのようにして「定着」しているがゆえに、政府から公認されている状態であった。地方政府との間には、歩道を清潔に保つこと、道をふさがないこと、観光客に対して過剰に売りつけないこと、安全な環境を維持することが取り決められていた。さらに地元政府は観光インフォーマルセクターに対して、マーケティング、ファイナンス、外国語、投資の知識やスキルについての教育や起業コースを導入した（Cukier 1998a : 75）。ここには、ツーリズムの計画の一部に参与している観光インフォーマルセクター像をみることができる。

もちろん、インフォーマルセクターを禁止することが、観光の質を高めるうえで地方に優先権のある領分であるとする議論もある（Timothy and Wall 1997）。しかし、上述のように、インフォーマルセクターは観光経済に資する可能性をもち、観光客の経験においてもインフォーマルセクターとの出会いを一面で楽しんでいるという。路上就労者の規制や組織化は、むしろ、ホスト-ゲスト関係においてインフォーマルであることがもつ利点を低減させ、インフォーマルとフォーマルの不正確で偏見のある区別を助長することになりかねない（Timothy and Wall 1997）。

3．バリ島の観光インフォーマルセクター

ティモシー＝ウォール（Timothy and Wall 1997）がジョグジャカルタにおいて見いだしたインフォーマルセクターについての状況は、バリにおいてもあてはまるのか。バリ島のマス・ツーリズムへとつながる観光開発は、一九六九-七四年の第一次開発五カ年計画によりはじまり、そこから二〇年間で爆発的に進展した。一九七〇年の外国人観光客数が年間二万三千人であったところ、一九八〇年には一四万人となり、一九九〇年には四九万人、一九九四年には一〇三万二千人に達していた（Picard 1996 : 52）。その後、二〇〇〇年に一四一万人、爆弾テロにより観光客の減少をみせ二〇〇五年に一三八万九千人となるも、二〇〇八年には二〇〇万人をこえ、二〇〇九年に二三八万五千人となお増加してきた（Badan Pusat Statistik Propinsi Bali 2006 : 291, 2010 : 367）。第五次開発五カ年計画時である一九八九-九四年の間にバリ島のホテル客室数は一万三、〇〇〇から二万室へと増加した。一九九〇年代初頭から、バリ島はインドネシアでも屈指の高平均収入をほこる島となった。州都デンパサール市中心部にて人口一人あたりの自動車台数を換算すると、インドネシア首都ジャカルタ以上の台数を数えた。ホテル、商店、レストランなども急増し、バリの農村から観

光地への人の流れ、周辺諸島からの人の流れを生み出した。

一九九四年の時点で、州内総生産（Gross Provincial Product）では四二・二％がツーリズムによると算定される一方で、農業については二八％ほどとなった（Picard 1996 : 57）。一九七一年の第一次産業従事者は六七・九％であり、そのうち九八・二％は農業従事者だった。一九八九年の時点で第一次産業に従事する労働力は五二・六％となっていたが、農業人口は三〇万人以上の増加をみせ、第一次産業に占める割合も九七・四％といまだ高い割合であった。その背後には、スハルト政権の政策である「緑の革命」があった。とはいえ、収入をみると、外資系のホテルの従業員、手工芸労働者といった観光関連労働が、農業をうわまわっていた。こうした状況とあわせ、農業がもつ伝統や慣習に縛られず、熟練の必要がない観光産業へと若い世代の関心がむけられていった。

クキエら（Cukier 1996, 1998a, 1998b, Cukier-Snow and Wall 1993, Cukier and Wall 1994a, 1994b, 1995, Cukier, Norris and Wall 1996）、およびピカール（Picard 1996）によれば、そうしたなか、インフォーマルセクターは、結婚後の女性やリタイアした人びと、他島からの外来者の就労機会となっていた。それらの人々が農村から観光地へと流れ込み、社会的・文化的構造の変化をうみだした。外国通貨も含めた貨幣の媒介や、海外の文化との接触が日常的になった。バリ島出身者においては、多くの観光セクター就労者が観光地の部落（バンジャール）と出身地の部落（バンジャール）の二重所属になり、一方の部落への社会的労働への参加が金銭によって代替されるようになった。しかし、バリ島出身者が宗教的祭礼や地域へと指向する態度は、時間や休暇の制御を含む近代的就労構造を基本とするフォーマルな観光産業にとって大きな障害となった。つまり、バリ島出身者は様々な祭礼を優先し、そのことで日常的に多くの欠勤がみられた。そうした欠勤を埋め合わせたり、新たな職を探すような場合には親族の助けをかりた。このように、バリの観光セクターは、近代化の中にもインフォーマルな要素を残しながら発展した。

こうした流れを踏まえ、次の節ではサヌール地区に再度注目し、インフォーマルセクターおよび店舗販売の状況を明らかにしたい。さらに、次の章において論じる地域セキュリティ組織による活動以後の地域社会経済の変容を先取りするかたちで明らかにしておきたい。

第４節　サヌール地区の観光の動向

1．サヌール地区のインフォーマルセクター（第一期）

サヌール地区のインフォーマルセクターの展開については次のようにまとめることができる（Picard 1983, 1996および筆者による土産物店へのインタビューより）。マスツーリズムが本格的に到来するのは国際空港の開港および島内最初の五つ星ホテルの開業からであるが（Cukier and Wall 1994b）、それ以前、サヌール住民のほとんどは農業、次いで漁業、畜産、大工（職人）といった仕事に従事しており、サヌールは比較的貧困な状況にあった。一九七〇年代前半は小さなホテルがあるのみで、目抜き通り沿いに土産物店は存在しなかった。しかしわずかながらサヌールを地元とする行商人(7)は存在し、農業を営む一方で、布や木彫りを小脇に抱えるか頭に載せたカゴで運び、ビーチにあらわれる外国人相手に商売をしていた。

一九七二年、初めての店舗が村落による経営というかたちでビーチ沿いにつくられた。一九八〇年代には店舗が増えはじめ、観光業がいっそうの活況を呈する中で、バリ島内において農村部からサヌール、クタ、ヌサドゥアといった主要なリゾート地区での就労目的の移住者が増加していった（Cukier 1996 : 61）。ここに、一九八〇年代半ばからジャワ島出身の行商の流入がみられるようになった。その後、他島からの外来者の数が増えるに従い、観光客のとりあいや行商間の喧嘩などがみられるようになった(8)。そうした状況に対応しようと、ビーチごとに地元出身の行商の組合ができはじめ、参入に条件を設けるとともに収入を均等に配分したり、基金をつくり組合員の援助を行うようになった(筆者によるインタビューから(9))。

一九九〇年代、地元行商は店舗での販売に移行した。この時期、より多くのジャワ島出身の行商がみられるようになり、ホテル内にて無断で商売をしたり、レストランの出入り口に大挙して押しかけたり、人の流れや交通の邪魔をしてまでの商売を行うようになった。こうした状況について観光客からの苦情が目立つようになるとともに、一九九七年の経済危機、一九九八年の政変という社会的な不安要素、高級リゾート地ヌサドゥア地区の躍進等が後押しし、サヌール地区における観光客の減少とインフォーマルセクターの増加が顕著なものとなっていった。このようなツーリズムセクターへの新たな参入者によって、ローカルな労働力との間に競争が引き起こされてきた(Cukier 1996 : 58)。

一九九四年、クキエ＝ウォールは、年々増加するインフォーマルセクターの特徴を把握するために、サヌール地区と西海岸のクタ地区を対象地域とし調査を行った(Cukier-Snow and Wall 1993, Cukier and Wall 1994a, 1994b, 1995)。それによれば、インフォーマルセクターの人口構成をみるとサヌールにおいて八三％がバリ島外からの外来者、そのなかで六八％はジャワ島からであった。年齢からみると二〇歳未満が五〇％、三〇歳未満が九七％であり、九〇％の者は未婚であった。男女比では九七％が男性であった。就労の動機(多重回答)では、行商が十分な報酬を生む(六七％)、他によい選択肢がない(五七％)、仕事が容易(二〇％)、ほとんどの場合で経験になるからということと、他の仕事への足掛かりになるという回答があった。

こうした状況は、上述のティモシー＝ウォール(Timothy and Wall 1997)があげたジョグジャカルタの事例と大きく異なることがわかる。ジョグジャカルタにおいて労働者の出身は五八％が外来者であったが、サヌールでは八三％であった。男女比では、ジョグジャカルタで男性七〇％、サヌールでは九七％であった。同様に、ティモシー＝ウォール（Timothy and Wall 1997）があげていたような、「観光産業への参加機会を地元経済に開放できる」というインフォーマルセクターの役割についていえば、サヌールにおいて初期の段階では行商が地元出身者にとって観光セクターへの参入の足がかりとなった。後に、ビーチにおけるインフォーマルセクター就労者が組合のかたちをとることでフォーマル化しはじめたり、店舗での就労というかたちをとるようになった。この過程を通して、インフォーマルセクターは外来者、フォーマルセクターに地元（バリ島出身者）という区分が生じてきたといえよう。

さらにサヌールの状況をみると、収入に関してはＲ・Ｃ・ライス（Rice 1997）と同様に、止むに止まれずインフォーマルセクターになるというよりも、十分な収入が見込まれるということや、経験をつむことができる、次の仕事への橋渡しとなるというような動機がみられた。一九八〇年代から一九九〇年代までインドネシア全体のインフォーマルセクターの減少傾向（Rice 1997 : 54）にも関わらず、それとは反対に、観光開発によるバリ島経済の進展はインフォーマルセクターに十分な就労機会を与えていた。インフォーマルセクターの成長を抑止する原因である政府による規制も比較的弱いものであった。例えば、行商はライセンス制ではあったが、サヌールにおいてそれを気にしている者やライセンスを携帯している者はほとんどいなかった（Cukier and Wall 1994a, 1994b）。フォーマルセクターによる競争についてみても、サヌールの場合、店舗形態への移行は就労形態の移行を意味し、行商との直接的な競合を避ける方向に向かった。バリ人による組合の組織化もまた同様に、過激な競争に巻き込まれていく行商達から一歩遠ざかろうとする試みであったといえる。このような状況も、サヌールにおいてバリ島外からのインフォーマルセクター就労者が増加する要因となったと見ることができよう。

ここでインフォーマルセクターの定義問題に戻ろう。R・C・ライスによれば、「インフォーマルセクター」を自営業者（self-employed persons）と家族就労者であるとしていた（Rice 1997）。このことから、店舗形態での自営あるいは家族経営を営む土産物店もインフォーマルな要素をもつといえる。この定義を採用することで、観光インフォーマルセクターとしての行商とともに、観光地域の前面に立つ土産物店の特徴をあわせてみていきたい。そこからさらに、インフォーマルセクターとの関係を扱うことで、地域セキュリティ組織によって制御された後の行商と土産物店の変化という点から、観光地の変容の特徴を明らかにする。

2．近代化する店舗販売

クキエ＝ウォールは一九九一年から一九九二年にかけて、「ホテル受付（front desk staff at starred hotels）」、「小規模土産物売店（kiosks（small shops）which sell souvenirs）」、「行商（beach and street vendors/hawkers）」、「観光ガイド／ドライバー（drivers/guides who take tourists on tours）」という四つの区分からサヌールと西海岸のクタにおいて全二四〇事例の調査を行っている（Cukier and Wall 1995）。サヌールだけをサンプリングしたデータは無いものの、[10]かれらによれば、「小規模土産物売店」では女性の就労が相対的に多く（七六・六％）、「行商」と「観光ガイド／ドライバー」に女性の就労は見られなかった。「小規模土産物売店」ではバリ人の比率が高く（九六・六％）、「ホテル受付」と「観光ガイド／ドライバー」は八五％前後、「行商」はわずかに二一・六％であった。教育についてみると、高校卒では「ホテルの受付」が最も割合が高く九五・〇％、続いて「小規模土産物売店」で四三・三％、「ガイド／ドライバー」は三三・三％、[11]「行商」では二五・〇％に留まった。

こうしたデータにたいする解釈として注目できる要素が、「小規模土産物売店」における女性の生活と、「ガイド／

ドライバー」においては女性がみられないことの文化的背景についてである。「小規模土産物売店」における女性就労者は、自分にその仕事が適しているとしている。その理由として、子供と共に店先にいることができるという点で母としての役割を同時にこなせ、ひとりの女性店員が観光客相手に忙しいときには他の女性店員が子供の面倒をみることができるからであるという。クキエ＝ウォールはこのことをもって「小規模土産物売店」の女性就労者において「コミュニティの実感（a real sense of community）」（Cukier and Wall 1995 : 394）があるという。他方、「ガイド／ドライバー」に女性就労者が存在しないことについて、一般に、家庭をもつ女性は危険を冒してまで家庭から離れたり遠方へと出向くということはないこと、単身の女性の場合には、ひとりで車やバイクを出し運転していくか、あるいは他の女性が伴うことという慣習次元の影響があげられる。

就労における男女差の背景として、文化社会的な男女の性役割分業に注目することができる。伝統的には、男性は主に村落生活に関わり、部落（banjar）や治水組織（subak）での業務、死にまつわる祭礼行事、闘鶏、祭礼における肉の調理を行い、女性は家庭・市場・宗教に関わり、洗濯をし、動物の世話をし、市場でものを売り、供物をつくり、日々祈りを捧げる（Eiseman 1989 : 58）。宗教分野の活動は女性に過大な負担をもたらしており、家庭生活とあわせて女性が遠方に出向くことを抑制する機能をもつ。そうした女性における伝統的・文化的背景がひとつの要因となって、家庭生活と宗教儀式の両面を可能とする「小規模土産物売店」での就労へと向かわせているといえる。

バリ島におけるマスツーリズムがいっそうの展開をみせた一九八〇年代、小規模土産物売店とは異なるかたちで土産物の小売りに携わる土産物店として、「土産物店《アートショップ》」が一般的なものとなった。その過程において、観光セクターから現れた新たな中産階級としてホテル経営者、観光ガイドとともに、アートショップ所有者があげられるようになった（Vickers 1989=2000 : 318）。この「土産物店《アートショップ》」について、E・ヴィッカーズは以下のように記述している。

最近ではアートショップが固定したシステムの一部となっている。典型的なアートショップにあるような土産物一切がかつて安く手に入ったデンパサールの小さな露天のほうは、新しいが面白みのない市場の建物の上階に追いやられて商売上がったりになってしまった。……一九七〇年代初めには絵や彫工が一点あたり数ドルで買えたものだが、今では彫刻の最低価格が二〇～三〇オーストラリア・ドル［訳注　約一、三〇〇～一、九五〇円］、絵なら一〇〇オーストラリア・ドル［訳注　約六、五〇〇円］以上で売られている。……アートショップはふつう絵の売価の二〇パーセントから三〇パーセント、ときにはもっと少額しか制作者に支払わない。したがって、彼らは安い労働力による作品の迅速な大量生産と模倣《コピー》に依存しているのであり、……残りの取り分はアートショップのオーナーと〝お客〟を連れてきてくれたガイドへの手数料として渡る。アートショップの数があまりに多いため、売上の最低三〇パーセントをガイドに払い戻す同意なしでは競争できないのだ。（Vickers 1989=2000 : 319–20）

この描写からは、競争のなかでガイドに仲介手数料を支払わなければならず、大量生産がシステム化され、どのアートショップでも同様の形態をとっていることなどがわかる。(12)

3．サヌール地区の土産物販売形態の分化（第二期）

こうした「アートショップ」の描写は、クキエ＝ウォールが「コミュニティの実感（a real sense of community）」を見出していた「小規模土産物売店」とは異なるようにみえる。ここでは、ヴィッカーズが記述しているような土産物店を「アートショップ」、クキエ＝ウォールが記述している土産物店を「小規模土産物店」とする。この両者について、

表3-4　サヌールの土産物販売の分類

	1990年代のサヌール		2000年代のサヌール地区			
ヴィッカーズ	クキエ＝ウォール	コール＝フェイッサ	筆者	セキュリティ組織による制御活動後の営業可能性	就労形態	販売形態
行商		自給労働力	行商	× （一部ビーチのみ）	個人就労	移動
小さな露天	小規模土産物店	自給労働力 ↓ インフォーマルな労働力 ↓ 近代的労働力	露天商	× （ビーチ・ホテル内）	個人・家族就労	移設可能
アートショップ			古典的アートショップ	○ （「古き良きバリ」）	家族就労	戸建て・境界は曖昧
			近代的アートショップ	○ （「センスの良い」）	賃労働	ドア・壁・ディスプレイ
		近代的労働力	大規模アートショップ	○ （大量消費）	賃労働	大量陳列

出典：筆者が作成

筆者によるサヌール地域での調査(13)から、店舗の外見だけでなく、土地や店舗の所有、就労形態といった点に着目することでその違いを明確にしていこう。先行研究では、ヴィッカーズにおいてアートショップの分節が明確ではない事、同様に、クキエ＝ウォールにおいては小規模土産物店として露天商とアートショップの分節が明確ではないという問題がある。そのことをふまえつつサヌール地区における土産物店の状況を明らかにするために、筆者による独自の分類を行いたい（表3—4）。この分類により、次章において論じる地域セキュリティ組織をとおした活動によって、どのような就労形態が禁止され、どのような形態が残され、いかに位置づけ直されたのかをより明確にできよう。

　まず、店舗の外見に着目したい。アートショップでもより近代的形態をとる「近代的アートショップ」(14)の場合、店内と外は扉によって仕切られていることが多く、店内には空調設備をもつ。通りに面してショーウィンドウを設け、ライトアップを行っていることもある。店内にはディスプレイ・ボックスが整然と配置され、一部のボックスには鍵を掛けることができるようになっている。多くの品物は定価表示の値札がついている。ディスカウントに応じることもあるが、先んじて、「一〇%ディスカウント」と書かれたプレートが置かれていたり、店員が「二〇%オフだけね！（dua puluh persen diskon saja!）」と宣言してそれ以上の値引きをすることはない。

他方、小規模土産物売店（「古典的アートショップ」）は閉店後のためのシャッターを持つが、店内と外を仕切る壁や扉がなく、商品を軒先にまで出して陳列することができる。店員は通りに面して座っていることもあり、観光客が通ると声をかける。店内には所狭しと土産物が置かれ、ときに埃をかぶっている。多くの店舗では伝統的な柄をモチーフとした布を扱っているが、そのほとんどはプリントによる大量生産によるものである。定価の表示はなく、店員の言い値が基本となり、交渉次第で半額になったり、九〇%オフにもできるかもしれない。小規模という場合、ホテルの一角に布や机を広げ、その上に品物を置いて一時的な露天商として土産物販売を行うという事例もみられ、この場合、ヴィッカーズの言う「小さな露天」にあてはまる。

サヌールのアートショップでも近代的な賃労働契約を行っている「近代的アートショップ」の店舗にて出会う可能性が高い従業員は、一人の二〇歳代未婚女性である。店舗経営者、店舗所有者や土地所有者と従業員との繋がりは薄い。従業員は、近郊の村落や町に居住し、就労先のアートショップに通勤するという形をとる。ひとつのアートショップでは一人の店員が滞在する。午前と午後で交替があり、労働時間と休暇は大まかにスケジュール化される。従業員の学歴は比較的高く、大学卒や観光専門学校卒である場合もある。「近代的アートショップ」はときに他の観光地にも店舗をもつ。商品の仕入れは、独自の工房やスタジオをもつか、あるいは特定の産品を特産とするバリ島内の遠方の村、ジャワ島などから仕入れを行い、他の店には無いような商品を取りそろえる。独自の工房をもつ場合、ヒンドゥー教とイスラム教の職人を織り交ぜ、宗教上の祭日等に備えることで商品供給の安定を図ったり、外国人オーナーの場合、自らの出身国からの観光客向けに、デザインをアレンジした土産物を取りそろえることもある。(15)

クキエ＝ウォールによる「小規模土産物売店」のうち、常設店舗において家族就労を行うような「古典的アートショップ」では、店先で二人の中年女性と、パンやアイスクリームを食べながらこちらを観察する子供達、気持ちよさそうに床で眠る犬に会えるかもしれない。土地所有者は彼女たちの親族である。店舗は自分のものであったり、配偶者のものであったり、あるいは家族の誰かのものである。店員は販売と店舗管理を兼業し、店に置く土産物をどうするか、どのように並べるかを柔軟にかえていく。従業員は三人以上であり、本人、配偶者、姉妹、母親、子供といった人々からなる。従業員の現住地は、職住一致、あるいはサヌール内の近隣部落（バンジャール）であることが多く、時にデンパサールであることもある。労働時間は客の出足によって流動的であり、親族に関する祭礼がある場合にはそちらが優先され、店は閉められることになる。商品の仕入れはデンパサールや近郊の大規模土産物市場であるか、あるいは近年みられるようになった土産物卸売商から購入する。

同様に、R・C・ライス（Rice 1997）による「インフォーマルセクター」の定義、すなわち「自家営業（self-employed persons）」と家族就労者という点からすれば、「近代的アートショップ」はよりフォーマル化され、「古典的アートショップ」はよりインフォーマルな要素を残しているといえる。さらに、コール＝フェイッサ（Cole and Fayissa 1991）の「都市生計労働力（Urban Subsistence Labor Force）」の三分類からすれば、「近代的アートショップ」の従業員は「近代的労働力（Modern labor force）」の「保護されたブルーカラー」である。「古典的アートショップ」の店員は、経営者かつ従業員・所有者の家族を構成する労働者であり、「インフォーマルな労働力」であるといえる。このように考えると、前者よりも後者のほうがより高い収入を得る可能性がある。同時に、「古典的アートショップ」においては、クキエ＝ウォール（Cukir and Wall 1995）が指摘しているように、店舗の労働力確保が柔軟になされ、仕事の「やり甲斐」や柔軟性を含めて、積極的な選択肢として選び取られる。このことが、近年新たにみることができるようになった、比較的若い高学歴女性による「インフォーマルな労働力」の積極的な選択へと結びつく。
その場合、もちろん「大学を卒業しても就職先が無い」という消極的な動機もきかれる。しかし多くは、子育てをしながら働くこともできるということ、自分で創意工夫を凝らすことができるということが評価される。さらに、自分の経営や経済の知識を活かすことができるという考えも聞かれる。例えば、ジョグジャカルタの大学に進学し、そこで経営学を勉強すると共に周辺の土産物産業に人脈をつくる。その後、バリに戻って両親が就業していた小規模土産物売店を近代的アートショップに改装し、親族経営を継続しながらも、仕入れを選択的に行うという具合である。古典的アートショップの専門化ともいえる傾向であるといえよう。

4．観光のまなざしへ（第三期）

以上からみると、「近代的労働力」を用いたアートショップの躍進は、雇用者と被雇用者という近代的な分業と労働時間の導入を進め、伝統から離脱するかたちをとって展開している。他方で、若く高学歴な世代は、古典的アートショップにおいてインフォーマルな労働力がもつ柔軟性を応用しつつ、自らの創意工夫の応用可能性に生活の質を見出して、積極的にそこでの就労を選択し、高等教育の知識を適応していくような就労をみせている。すなわち、「就労しつつも『コミュニティの実感』がある」というのみならず、当の「就労」のなかにいっそうの自己実現を見出していくことができるようなインフォーマルな労働力があり得るということを意味している。

しかし、他方で、そうした小規模土産物売店の可能性を乏しめるかもしれない環境も形成されている。それが、第一に、大規模スーパーの進出、第二に、新たなインフォーマルセクターの形成である。サヌールの大規模スーパーは、一階に食料品・日用品売り場、二階と三階を土産物売り場とし、すべてを定価販売にて行っている（写真3—3）。

このことにより、膨大な量の土産物品が一同に介し、通り沿いの小規模土産物売店にはないスペクタクルと、「定価」＝「高い値段をふっかけられることはない」（場合によってはより安い）こと、という安心感のもとに客を集めることとなった。従来の小規模土産物売店は、それに対抗するための策として、売れ筋の品物をよむ、商品の陳列に気を遣う、気さくで友好的な態度の接客などの工夫を行っている。しかし、品揃えと仕入れに関係して大きな変化がおこっている。

過去には、親族就労者が遠方の土産物の産地まで出向き、直接に買い付けを行っており、そこから派生するかたちで品揃えにもオリジナリティがあった。しかし、現在、豊富な品揃えと品物の吟味という点ではスーパーに役目を奪われている。同時に、生活の変化によって遠方へと買い付けにいく時間をとることができなくなり、交通費も嵩むようになった。そこで、デンパサールや近郊の土産物卸売り市場を利用するようになり、大量生産品による品揃えが中心となりはじめた。

さらに近年、それらの市場においても商品が値上がりし、大規模スーパーに対抗するだけの値段をつけられなくなった。そこに、禁止された観光客向け行商（第４章参照）に代わり、新たなインフォーマルセクターとして「バイクによる土産物の卸売り」商があらわれた（写真３―１）。行商の禁止は、あくまで観光客相手の販売が禁止されたということであり、交通の邪魔とならない限り土産物店への卸売りは可能であった。それらバイクによる卸売り商のほとんどは若いジャワ人男性であり、ジャワからの土産物買い付けのルートを用いて商材を大量に仕入れたり、バリ島最西部の港で土産物を仲介したりして南部観光地の土産物店に卸しているという。安く、しかも各店を回って卸売りをする便利さから、多くの小規模土産物売店はそれらバイクによる卸売りを利用するようになり、そのことでいっそう店舗毎の商品の品揃えは似通ったものとなり、選択的に買い付けるという点でのオリジナリティは低下した。

このため、古典的アートショップにおいては、若く高学歴の世代が志向する方向と、新たに他のインフォーマルセクターとの繋がりをもつようになった商店が志向する方向との二つが分化していくという状況がある。大規模スーパーに関する態度としても、前者は「スーパーに買い物にいく人がよってくれるので良い。売っている土産物は同じではないので問題ない」という評価がある。後者は明確に、景気の不振のひとつとして大規模スーパーをあげるが、「自分のところでは話次第でもっと安くできる」とも言う。いずれにしても、なお古典的アートショップの店舗スペースは街路に開け放たれ、観光客とのコミュニケーションを行うことに適している。街路を歩けば彼女たちの活気の良い呼び込みと、その脇にバリの子ども達の日常がかいまみえる。そのような「地元」の空気に触れることができ

写真3-1　バイクによる布の卸売商
出典：筆者による撮影（サヌール、2005年3月）

写真3-2　店先で商談をする土産物店就労者と卸売商
出典：筆者による撮影（サヌール、2006年8月）

写真3-3　土産物がならぶ大型スーパー
出典：筆者による撮影（サヌール、2006年8月）

ることも古典的アートショップの特徴となっている。むしろ、次章において論じる行商人制御活動によって、そのような古典的アートショップの特徴が再評価され、サヌール地区の新たな観光の風景になったといえよう。

他方で、古典的アートショップでの就労者のなかには、店舗による土産物販売収益を補うために新たな就労を行う者もいる。例えば大規模ホテル内の臨時商店であり、ホテルのロビーや庭で小さな露天の商店を開く。扱う商品は時にホテルによって指定されることもあり、商店設営の頻度は、ホテルの客室数や埋まっている客室の割合等に依存する。営業にはホテルからの許可が必要であるが、ホテル従業員に親族がいる場合には許可をもらいやすい。土産物店の親族がこの形態をとって家計の副収入とする場合もある。これらの点においては、なおバリ島における親族ネットワークを基礎としたインフォーマルな参入障壁が、島外からの観光セクター参入先の限定性を特徴づけているといえよう。

サヌールの観光産業におけるこれらの新たな社会経済的布置構成は、観光客のまなざしをいっそう意識した観光の風景をつくり出すようになった。近代的アートショップはウィンドーショッピングを可能とする装置として、古典的アートショップはそこで共有されている「コミュニティの実感」を「古き良きバリ」として提示する場所として機能しはじめた。それらは何よりも、観光客が目抜き通りをゆったりと歩き、場所を消費する環境が整うことによって立ち現れたものである。そうした環境を形成するうえで、観光客を取り囲む行商人を排除する活動が大きな転換となった。次章は、サヌールの地域社会が新たな地域イメージを共有し、提示し、観光のまなざしを方向付けていった過程を、地域セキュリティ組織に着目して明らかにするという側面をもつ。

第5節　むすび

ここでは、本書の中心的なテーマである「地域セキュリティ」の背景として、労働経済学的な観点を参照しながら行商と土産物店の動向に注目し、サヌール地区の社会経済の特徴を明らかにしてきた。インドネシア・バリ島におけるインフォーマルセクター研究は、先進国における先行研究とは異なる知見を提示し、インフォーマルな諸要素の肯定的側面を評価してきた。本書もまたそのような観点を採用しつつ、さらに、インフォーマルセクターとしての行商が他島からの移住者によって占められる一方、地元住民は組合をつくったり店舗での販売（アートショップ）へと移行し、そこに分水嶺が生じていること、後者は近代化の傾向をみせながらもインフォーマルな要素を残しながら新たな地域社会経済構成を成していることが明らかとなった。

このような観光セクターの分化は、一面で他島からの移住者との競争の回避策であったが、そのなかで自己実現を見出していくようないっそう肯定的な特徴をみることができた。とはいえ、観光セクターへの新たな参入者は、競争だけでなく地元コミュニティへのストレスをうむこともある（Cukier 1996 : 58）。その延長に、サヌール地区はいっそう抜本的かつ積極的な対策を求められていくことになる。クキエは他島からの移住者とバリ人の間ではインドネシア語という共通言語があるため、否定的な影響は最小化されるのではないかと論じている（Cukier 1996 : 72）。しかしながら、次章において詳細に論じるように、サヌールにおいてはインフォーマルセクター労働者の制御（一定区画かつバリ人に対してのみの営業許可）というかたちでの分化へと舵がきられ、そのことによって形成される静かな街路空間を基盤に「古き良きバリ」という地域イメージを構築した。このような地域社会経済の変化をうけ、次の第4章では、サヌールの近隣住民組織の歴史、地域セキュリティ組織結成の契機、その活動の特徴を明らかにすることによって、新たな地域イメージの構築過程において地域社会の多元性を担保する「地域セキュリティ」の特徴について論じたい。

もっとも、そのことによって表出された「安全な地域」という価値付けは、「古き良きバリ」というイメージをこえて、近年、セキュリティの過剰とも言うべき状況をみせている。それが、第5章において論じる地域セキュリティの合理化と行政による包摂の過程と、第6章における「サヌール・サイバー村」という地域イメージの再構築である。これらサヌールの事例が比較的同質的な地区の事例であるという点からすれば、第7章では、より多文化的な地区における地域セキュリティの試みについて論じ、多元的共同性の現代的な文脈を探りたい。

【注】

（1）サヌールの地域描写はWarren（1993）、Picard（1996）、間苧谷（二〇〇〇）ならびに筆者による聞き取りから。本調査は、二〇〇五年三月、八月から一〇月、二〇〇六年三月、八月に、ウダヤナ大学文学部日本研究センターとの共同のもとに行われた。なお、サヌールは一九七〇年代初頭、吉田禎吾、間苧谷榮らが調査に入り、バリ島研究の深化を担ってきた地域のひとつである。

（2）地域内の量的データについてはBadan Pusat Statistik Propinsi Bali（2001）、Badan Pusat Statistik Kota Denpasar（2000）、Desa Sanur Kaja（2000）、Desa Sanur Kauh（2000）、Kelurahan Sanur（2000）を参照。

（3）参考までに、バリ島全体の項目にあわせて社会的事業を除いた場合、地域内総生産全体に占める割合として、農業は三・一%と比較的低い割合である一方で、工業二一・六%、商業・宿泊業二三・八%、金融・不動産一七・二%とあわせ、「6．輸送・電信」も一〇・八%みられることなど、特徴がより明確になる。

（4）途上国におけるインフォーマルセクターに関する議論とは別に、一九八〇年代、世界的な経済構造の変化から、「生産」単位としての零細小企業群に着目する議論があらわれたことで、先進国における新たな動向へと議論が発展している。すなわち、「非フォーマライズ化」の動きへの注目である。例えば、北東部イタリアを中心とした産業集積論は、「地域に存在する社会的資源の作用によって『市場の論理』が相対化される様子」（田中二〇〇四：一九）、「グローバル・エコノミー段階で展開される世界大での地域間競争において、地域の競争優位を規定する要因のひとつ」（鎌倉二〇〇二：八）として注目されている。

（5）これに対し、フォーマルセクターは、参入が困難、海外の生産資源への依存、法人組織の事務所、大規模な生産単位、資本集約的輸入技術への依存、公教育もしくは海外での技術習得、保護的市場（関税、クォーター、輸入許可制などによる）とされる。

（6）以下、都市労働力の三分類についてはCole and Fayissa（1991）を参照。

（7）これら行商人は、インドネシア語でプダガン・アチュン（(pe) dagang acung）と呼ばれる。「ダガンdagang」とは「商人」、「アチュンacung」とは何かを上に掲げるという意味のインドネシア語である。土産物を頭上に掲げ、バスに乗っている観光客に売ろうとしている様から名付けられ、古くは第二次世界大戦以前にもホテルのテラスの下に物を売りに来たという報告があるという（Picard 1996 : 61）。

（8）ピカール（Picard 1996 : 61）によれば、サヌールやクタのようなビーチにおける行商人に対して警察等当局が一時的に忠告してまわるというようなことも行われていたが、ほとんど効果がなかったという。

（9）クキエ＝ウォールは「バリにおいて観光客に供されるマッサージは、非常に組織化されており、インフォーマルセクターとして扱うかどうかは疑問がのこる」（Cukier and Wall 1994a : 466）と論じており、これは筆者によるインタビューにみられた実際の組合による組織化によるものであると推察することができる。なお、二〇〇〇年代に入ると、ジュクンと呼ばれるアウトリガー式の観光イカダの漕手は、同じデザインに番号を付した帽子とシャツを着用し、組合委員であることを明示したかたちで「海のガイド」業を行っている。

（10）サヌールとクタがひとつに纏められているが、実態として、両地区では特にビーチでの就労者の特徴に違いがあるといえる。サヌールではバリ人において組合がみられ、観光客のとりあいのような激しい競争には至らず、フォーマルセクターの様相さえみせる（Cukir and Wall 1994a：466）。筆者のインタビューによれば、ビーチにおけるマッサージ業就労者はそれのみの業務がゆるされており、クキエ＝ウォール（Cukir and Wall 1995：395）が、女性行商の多くは「マッサージ、マニキュア、三つ編み」という様々なサービスを行うと論じているケースは、組合によって組織化されておらず、非バリ人が比較的多いクタの場合だけといえる。

(11) 本章においてガイド業については直接言及していないものの、ツアー・ガイドは「バリで最高に羽振りのいい中間層の一員として勢いをつけてきた」（Vickers 1989＝2000：320）職種であるという点を踏まえ、弱干の位置づけをしておきたい。ガイドの資格として、観光客が話す言葉をどれだけ流暢に話すことができるかということが問題となるが、一九八九年の時点で、インドネシアの公教育において英語の学習は難しいものと考えられ、それだけこの資格は珍重された（Vickers 1989＝2000）。なかには、公務員としての大学教員の出世の難しさと、プロのツアー・ガイドであることを秤にかけ、後者を選び繁盛するというケースさえみられたという（Vickers 1989＝2000）。このことからすると、クキエ＝ウォールの調査にみられるガイドの学歴として、高校卒の割合として三三・三％という値は小さすぎるのではないか。この原因として二つの理由が考えられよう。第一に、「ガイド」と「ドライバー」が同じカテゴリーにされているという問題である。「ドライバー」のみの就労である場合、当然、外国語が堪能であったりその他の熟練が必須であるというわけではなく、高校卒業の学歴を必ずしも必要としない。もちろん、「ドライバー兼ガイド」という就労形態があり得、この場合、ガイド業が中心になれば言葉の問題も出てこよう。しかし筆者のインタビューからすると、そうした就労形態は、観光客が移動手段を必要としている場合に専門のガイドなしでも観光地を車で回ることができる、ということに留まり、必ずしも高い外国語能力を必要としない場合が多いと考えられる。第二に、「観光ガイド」とはどの範囲をさすのかという問題がある。観光地を回りながら、仕事のなかで覚えた外国語を用いて時々話をするという程度のガイドから、行商で観光客に話しかけたついでにその近くの寺院や名所、親族や知り合いの働く土産物店に案内し、紹介料や仲介料をせしめるというガイドもある。タクシードライバーもこれに含まれる。あるいは、貸し出しのための自動車を所有して自動車レンタルを行うとともに、常設の小規模土産物売店で店番をしつつ、話のあった客に「実はドライバーもやっているので必要なら電話をください」と言って名刺を渡す男性店主／従業員もいる。クキエ（Cukier 1998a）はサヌールにおけるガイド業についての調査から、バリ人が八七％を占めること、バリの文化についてのローカルな知識が有利に働くためバリ人が主となっているであろうことについて論じており、この結果からは、サヌールにおけるガイド業は一定の特徴に収斂しているといえる。目抜き通りを歩いていると「どこ行きますか？サンセット？」というようにバティック柄の服を着た男性に話しかけられる状況もまた、サヌールの観光の風景をかたちづくっているのかもしれない（サヌールは東海岸に位置するため、サンセットを見るためには自動車で西海岸へと三〇分ほど移動する必要がある）。

（12）さらに一九九〇年代には、いくつかの土産物製造業の集積地において、観光客向けではなく、輸出用に製品がつくられるようになっていた（Picard 1996：61–62）。

（13）この調査は、二〇〇五年三月から一〇月にかけて、一七店の土産物屋を中心に、インタビュー用紙を用いた面接形式によって行われた。店舗を選出する際、レストラン、日用品店、インターネットカフェ、マッサージ／美容院、レンタカー店などを除き、店頭にて土産物を扱っている店として、目抜き通りであるダナウ・タンブリンガン通りのなかでも中心部に位置し、大規模スーパーを含むバンジャール・バトゥジンバール地区内の土産物店を選出した。ひとつの店舗では「店のことをよく知っている人物」を選び出し、二時間ほどのインタビューを行った。特定の事例については、同年八月から一〇月の間に再度インタビューを行った。インタビューにおいては、ウダヤナ大学文学部講師イ・マデ・ブディアナ（I Made Budiana）、ガネイシャ教育大学講師イ・カデ・アンタルチカ（I Kadek Antartika）の協力を受けている。

（14）海浜観光地には比較的少ないものの、郊外には、二階建てに複数人の従業員を滞在させ、バスが出入り可能な駐車場をもったアートショップも存在する。ここではそのような大規模アートショップは扱わず、店の大きさを比較した場合に、小規模土産物売店とほぼ同じ大きさの店舗を想定する。

（15）ここでは扱わないものの、バリ島南部ではスミニャックやクロボカンというような後発の観光地において、外国人デザイナーが所有し、自らデザインした服飾品・宝飾品・家具等を展示販売するような店舗も存在する。それらをもとに「大人の観光地」「センスの良い観光地」というようなイメージ戦略がとられることになる。同様に、山間地ウブドにおいては、二〇一七年で一〇回を数える「バリ・スピリット・フェスティバル」など、世界的なヨーガの集まり等が開催され、ヨーガ・ウェアを専門に揃える店、オーガニック食品やオーガニックの化粧品を扱う店等も増えつつあり、バリ島がもつ「ナチュラル」・「スピリチュアル」なイメージの応用がみられる。

第4章　ツーリズムと地域セキュリティ

第1節　はじめに

第3章において明らかにしたように、サヌールでは二〇〇〇年を境に現在の観光の風景を形成する転換が生じた。換言すれば、サヌールという観光地が「観光のまなざし」（Urry1990＝1995）の対象として再構築されたといえる。そのきっかけとなった活動が、地域セキュリティ組織の形成とインフォーマルセクター制御の活動であった。

活動の背景としてサヌールに滞在する観光客のモビリティに着目すると、その特徴はバリ島における一九七一年の観光プランに規定されてきた（Cukier, Norris and Wall 1996：256）。それは、ツーリストの目的地を南部に集中させることを推奨し、小旅行のルートを選定、バリ島の内陸への人々の移動を促進するというものであった。このことによって日中に訪問者はバリの風景と文化を経験し、夜には南部リゾートへと戻ることで、バリの文化への否定的影響を最小限にするということが目された。ここで南部リゾートの一翼を担うサヌールは、いわば観光のベッドタウンとしての役割を担うこととなった。とはいえ、豪華ホテルひしめくヌサ・ドゥア、安宿の選択肢が多いクタという近隣観光地区と比べ、特徴を見出し難い点が問題となっていった。一九九〇年代に至ると、観光客は多数の行商に取り囲まれることを忌避し、通りを歩くことも少なくなり、速やかに地区外へとツアーに出かけるのみであった。このような状況をうけ、サヌールは観光客を呼び戻し地域経済への貢献を促す必要性に直面し、問題の共有や地域像を模索する会議、専門組織の結成等からなる一連の地域セキュリティ活動が実行にうつされることとなった。

ここではまず、スハルト体制最末期に、安全を求める観光セクターの要望から生じた集権的な治安維持組織（ＢＫ３Ｓ）について論じる。この事例からは、地域セキュリティの試みが必ずしも順風満帆のものではなかったことが明らかとなろう。この段階の地域セキュリティは、中央集権体制崩壊に直面した既存権力体制の関連組織が、ポスト体制期への接続・軟着陸の支えとして観光地区の社会経済を利用しようとするなかで生じるものであった。ここでは、地域セキュリティを支える地域自治的な基盤はなお脆弱であり、むしろ中央集権体制の影響力を残存させる諸勢力が観光セクターをとりこみながら、地域社会を包摂しようとする傾向が強かった。

その後、サヌール地区の近隣住民組織「サヌール開発財団」に着目し、一九六〇年代のマスツーリズムに対抗するかたちでサヌール地区の地域社会の発展を導いてきた過程について明らかにしたい。さらに、地方分権化の進展においては、ＢＫ３Ｓが影響力を弱めるとともに、それに代わってサヌール開発財団が新たな地域セキュリティ組織「ティムスス（TimSus）」を構築し、多面的な地区構成の再定位を通して、地方分権化時代の地域社会における自治的側面の伸張をおし進めたことについて論じたい。

第2節　中央集権体制末期の観光地治安維持組織

1. サヌール地域安全調整機構（ＢＫ３Ｓ）の形成と変容

一九九七年七月にタイにて発生した経済危機は、広くアジア諸国に影響を与え、インドネシアにおいて最も深刻な危機を引き起こした。一九九七年から一九九八年にかけての世界の国際観光客数の伸び率は一九八〇年以来の拡大基調を保ち二・一%であったことに対し、東アジアは一・二%減であった。インドネシアは最悪の状況をみせ、観光客は一二・六%減、日本人では三六%減となった（鈴木二〇〇〇）。バリ島の観光客数では九七年に一二三万三一六人、九八年には一一八万七、一五三人と三・五%の減少をみせた（Badan Pusat Statistik Propinsi Bali 2001 : 290）。とはいえ、インドネシア全体からすればその国際的観光地としての輝きは失われておらず、一九九〇年代に入って増加していた他島からのインフォーマルセクター就労者に加え、アジア経済危機によって就職難に喘ぐ人々がツーリズムによる利益を目指して流入した。しかしながら当時、バリ島であっても、それらすべてをフォーマルセクターに受け入れる容力は持ち合わせなかった。観光客の減少とそれに伴う観光産業におけるフォーマルな就労機会の減少により、路上には多くのインフォーマルセクター就労者が出現し、犯罪も増加することとなった。

経済不安と地域社会の混乱を受け、サヌールではいち早く、ホテル事業者を中心としてデンパサール市観光局に地域セキュリティ組織結成の請願がなされた。そこで、デンパサール市が音頭をとり一九九七年一二月に結成されたのがサヌール地域安全調整機構（Badan Koordinasi Keamanan Kawasan Sanur, 略称ＢＫ３Ｓ）であった。表４―１は組織構成を

表4-1　1997年12月10日会議で決定されたBK3S組織構成

執行部	
監督	デンパサール市長
	バドゥン県地区警察長
顧問	南デンパサール郡長
	南デンパサール郡警察長
長Ⅰ	ホテルA
長Ⅱ	インドネシア観光業協会
副長Ⅰ	ホテルB
副長Ⅱ	—（業種不明）
秘書Ⅰ	サヌール開発財団（YPS）
秘書Ⅱ	ホテルC
会計Ⅰ	銀行A
会計Ⅱ	銀行B
代表部	
5つ星ホテル	ホテルD
4つ星ホテル	ホテルE
3つ星ホテル	ホテルF
2つ星ホテル	ホテルG
1つ星ホテル	ホテルH
星無しホテル	ホテルI
レストラン	レストランA
銀行、両替所	銀行C
商店	商店A
レンタカー	レンタカー店A
	レンタカー店B
旅行代理店	旅行代理店

出典：Walikota Denpasar（1997）より筆者が作成

示している。監督（pelindung）にデンパサール市長とバドゥン県警察長、その下の顧問（penasehat）には南デンパサール郡長と南デンパサール郡警察長がついた。以下、執行部（panitia pelaksana）にはホテル、観光協会、銀行、サヌール開発財団[1]が着任した。代表部（perwakilan）には六つのグレードに区分されたホテル、レストラン、銀行、商店、レンタカー店、旅行代理店など様々な事業者を集めた（Walikota Denpasar 1997）。ここに、観光地区の治安の悪化に対して、様々な観光業種の視点から取り組むことができる結社的な組織が形成されたかにみえた。しかし、よりマクロな社会的動向をみると、年明けからインドネシア全土において学生運動や対政府組織が活発になる直前の時期であり、経済危機は政治不安を引き起こしつつあった。そうしたなか、地方官僚と警察を冠するＢＫ３Ｓの組織形成は、政局を維持しようとする中央政府の動向と歩調を合わせ、観光産業が警察（軍）[2]の指導下におかれる過程を意味したといえよう。

一九九八年五月に行われた会議を機に、ＢＫ３Ｓの組織形態は国家権力の下請け的な性格をいっそう明確にした。一九九八年に入ると、一月のスハルト予算演説以後、首都ジャカルタを中心に学生や活動家らのデモが散発しはじめ、商店の略奪・焼き打ちがみられるようになった。二月には、スハルトによる華人陰謀説をうけた反華人暴動が生じ、学生たちも抗議運動を開始した。三月の国民協議会でのスハルトの大統領七選を機として、学生が掲げるレフォルマシは全国的な民主化運動へと発展したが、その一方で、国軍は内部分裂を強めていた。五月四日の原油価格値上げは、続く五日、大規模なメダン暴動を引き起こし、国内情勢は混乱を深めていった。こうした背景をうけ、ＢＫ３Ｓにおいて、「安全と安心の雰囲気の創出のための助成をいっそう呼びかける」必要のために決定がなされた（Dinas Pariwisata 1998a）。組織構成には新たに、郡長（CAMAT）、郡のレベルにおかれる分軍支部（KORAMIL）司令官（Komandan Rayon Militer, 略称DANRAMIL）(3)、郡警察署長（KAPOLSEK）からなる指導者間の調整協議会である郡指導者会議（Musyawarah Pimpinan Kecamatan, 略称ＭＵＳＰＩＫＡ）と、各デサ・ディナス長など地元高官（Pejabat setempat）が加えられなければならないとされた。

この決定をうけたＢＫ３Ｓは組織改編を進めた。五月二一日、スハルトが辞任を発表、翌二二日にはハビビを大統領とした内閣が発足したものの、スハルト体制を支えてきたゴルカル、軍、政治腐敗と汚職の構造は依然として根強く残っていた。それはＢＫ３Ｓの組織構成にも色濃く反映された。五月のＢＫ３Ｓ組織改編のための会議の後、一九九九年一月の時点において、ＢＫ３Ｓは表４―２にみられるような人員を擁した。監督にはデンパサール市長と県警察長の二者に加え、バドゥン県陸軍地域軍管区司令官（Komandan Resort Militer, 略称DANREM）が新たに配された。執行部の人員は九名に増員され、三人のデサ・ディナス長、観光局長、さらに分軍支部司令官が就くこととなった。顧問職数は減らされ、観光関係者としてはひとつのホテルのみがあがっており、他はデサ・ディナスからの代表と観光局か

表4-2　1999年1月1日時点でのBK3S組織構成

監督	デンパサール市長
	バドゥン県地区警察長（KAPOLRES）
	バドゥン県陸軍地区軍管区司令官（DANREM）
顧問	観光局長
	南デンパサール郡長（CAMAT）
	分軍支部司令官（DANRAMIL）
	郡警察署長（KAPOLSEK）
	サヌールのデサ長／クルラハン長
	ホテルA
	—（名前のみ記載）
長	サヌール・カジャ（村落）
副長	ホテルB
秘書	—（記載無し）
副費署	観光局
会計	クルラハン・サヌール（町）
副会計	デンパサール第二級自治体市観光局
資金部門	ホテルB
	ホテルC
	旅行代理店A
組織部門	郡警察警備部長（KANIT SABARA）
	クルラハン・サヌール（町）
	サヌール・カウ（村落）
装備部門	クルラハン・サヌール（町）
総務部門	サヌール・カジャ（村落）
	ホテルD

出典：Walikota Denpasar（1999）より筆者が作成

らの代表となった。代表部は無くなり、代わって、資金部門（bidang dana）、組織部門（bidang organisasi）、装備部門（bidang perlengkapan）、総務部門（bidang umum）が設置された。そこでは、観光関係者としては三つのホテルと一つの旅行代理店の名前があるのみであり、他はデサ・ディナスからの代表と郡警察警備部長（KANIT SABARA）によって構成された（Walikota Denpasar 1999）。ここに、県と郡それぞれに軍・警察、その下に地方官僚と各部門を設置することによって、スハルト辞任から半年後に至ってなお中央集権体制の末端の様相を強固なものとした。

こうした組織の変化と同時に、ＢＫ３Ｓにおける地域セキュリティの実動部隊の規定にも変化がみられた（Dinas Pariwisata 1998b）。当初から、隊員規定には警察での三週間の研修、インドネシア国軍の訓練や研修内容の踏襲、警察医師からの健康の証明というように、警察や軍に依る規定がみられた。さらに、一九九七年の時点で各デサ・ディナスから一五人を集めた四五人構成だった実動隊の成員に、一九九八年には新たに八人の観光警察が「助力者」として加えられ、「謝金」として給与が支払われるようになった。郡警察署が実動部隊成員の暫定的な事務所に指定されたこともあわせて、実動部隊においても警察や軍の下に活動が行われていた。当の活動はパトロールを主な任務としたが、その時間（朝八時から夜八時）も場所（目抜き通りのみの「線」的区域）も手段（バイクによる）も限られていた。対象は路上駐車係や行商といったインフォーマルセクターとスリなどの犯罪とされたが、前者については観光客の邪魔をしているかどうかという行為が注視され、その存在や商業形態が問題とされることはなく、面としての地域全体の状況を踏まえて活動を組織するまでには至らなかった。

2. BK3Sの衰退

以上のように、BK3Sは、アジア経済危機に直面した観光セクターからの地域治安強化の要望にはじまりながらも、民主化へと舵が切られて行く社会情勢のなかで中央集権体制の末端であり続けた。その過程において、当初の多様な観光事業者を組織から排除し、警察と軍が配置されていった。実動部隊に関しても同様の管理体制をみせ、中央集権体制の末端としての組織が目指された。そうした役員の一貫した集権的組織構成の一方で、地域社会の諸問題に対応する実働は限定的であり、観光業者が望むような、地域に資する組織ではなかった。

地域社会においては、統制されないインフォーマルセクター就労者がなおひしめき、観光客を巡る争いが目立った。スリや悪徳な商店にも対応できなかった。路上駐車によって道は塞がれ、ゴミも散乱していた。こうした状況に対応するためには、地域社会の要望に即したより民主的な組織と、それを支える機構や制度が必要であった。一九九九年に入ると、五月には村落の多様性を規定する地方行政法が制定され、六月の総選挙では闘争民主党が第一党となり、一〇月の国民協議会によってワヒド政権が誕生するというように、民主化への改革が勢いを増した。こうした変化のなか、ＢＫ３Ｓは急激に失速する。

一九九九年一二月、デンパサール市長の助力のもと、近隣住民によるサヌール開発を目的としたサヌール開発財団（Yayasan Pembangunan Sanur, 略称ＹＰＳ）とＢＫ３Ｓとが協議を行った（YPS 1999）。その結果二〇〇〇年一月から、ＹＰＳは、その長がＢＫ３Ｓの長を兼任するとともに、毎月助成金を支出し、ホテル、各種観光事業、デンパサール市からの助成金のとりまとめ役を担うこととなった。また、ＹＰＳにおいて五年ごとに行われる役員選挙ならびに事業報告会である業務協議会（Musyawarah Kerja）のなかに、ＢＫ３Ｓについての規定を盛り込むこととなった。そこでは、「ＢＫ３Ｓは、ＹＰＳ、サヌール地域の経営者達、デンパサール市、観光警察の協力のひとつのかたちであり、理事はサヌール出身男性から成る。成員もまたサヌール出身者ならびにその周辺の青年達である」（YPS 2000a）とされ、ＢＫ３Ｓだけを特別視するのではなく、種々の団体の協力と、成員はサヌール地域に関係するという点が強調された。それというのも、ＹＰＳは、ＢＫ３Ｓ単独でのサヌール地域全体のセキュリティ構築は不可能であることを認識していたからである。

地域とのつながりという点では、ＹＰＳのメンバーシップと活動の基盤に、これまで開発の単位とされてきたデサ・ディナス（行政村）ではなく、バンジャール・アダット（慣習部落）が据えられた。すなわち、行政の下請けよりも慣習的組織活動、村単位よりもミクロな部落単位へと主眼が置かれることとなった。バンジャール・アダットは多元的共同性の構成要素（本書第2章第2節参照）であり、バリ島における地域セキュリティ活動の基礎とも成り得る。その可能性が具体性をもって現れてくることは、民主化のひとつの契機でもある。ＹＰＳはＢＫ３Ｓを引き継ぎつつも、そうした新たな社会状況のうえに、住民のより詳細な意志を反映し、多様な参加者による「ひとつのサヌール」を可能とするような組織と環境づくりに舵を取ろうとしていた。

ＹＰＳへと監督権が移譲されたＢＫ３Ｓは、二〇〇〇年一一月の時点で、実動部隊の成員を四五人から三三人へと減少させていた。給与も三五万ルピアから二五万二、五〇〇ルピアとなった。デンパサール市による文書のなかにも、ＢＫ３Ｓは「サヌール観光地域の安全と平穏の問題に取り組むフォーマル／インフォーマルな、団体、組織、関連機関との調整を行う」として、ＢＫ３Ｓを単独で強化するのではなく、地域の他の組織との協働が謳われるようになった（Walikota Denpasar 2000a）。このようにしてＢＫ３Ｓは縮小し、二〇〇五年一〇月の時点で実動隊員を九人にまで減少させ、役員も実質的にはＹＰＳの長が監督として就くのみとなった。(4)

代わって、地域のセキュリティにおいては、地域社会の側から新たな動きが現れた。ひとつは、バリ島の慣習（adat）の面から、「宗教」や「伝統」、「一貫したバリ（Ajeg Bali）」といった言葉を伴って生起し、バリ島全土にて注目を集めているプチャラン（pecalang）である。(5)もうひとつは、同じようにadatを重視しつつも、より多様な人員を集め、地域の諸問題に対応するための試みとしてサヌールの地域セキュリティの最前面にたつ、サヌール安全パトロール特別チーム「ティムスス」（Tim Khusus Patroli Keamanan Sanur, 略称TimSus PKS）である。

第３節　近隣住民組織による地域セキュリティへの試み

１．基盤としての近隣住民組織

民主化、地方分権化の流れにおいて、地域社会からは、伝統や宗教とは比較的距離をとりながら地域固有の問題を取り上げ解決することで、自らの地域に資するセキュリティを組織しようとする試みも現れた。それが、次にあげる「ティムスス（TimSus）」、サヌール安全パトロール特別チーム（Tim Khusus Patroli Keamanan Sanur, 略称TimSus PKS）である。ここではまず、ティムススの基盤となったサヌール開発財団（Yayasan Pembangunan Sanur, 略称ＹＰＳ）とはどのような組織であるかについて確認しておきたい。(6) 一九六〇年代からサヌールにて始まったリゾート開発を受け、サヌール住民は、政府や観光客によって搾取され、疲弊してしまうのではないかという不安に直面した。そこで、一九六六年、ブラフマナ（僧侶階級）であり地域の信頼の厚かったブラタ（Ida Bagus Brata）の主唱により、サヌール住民の将来の生活を守るという目的の下、ＹＰＳの前身であるデサ育成助成資金財団（Yayasan Dana Bntuan Pembina Desa）が設立された。この財団によって、銀行設立と地域開発資金の貯蓄、ボランタリーな運用による中学校の設立、事業体の組織化と産業の育成等が行われ、地域は順調な発展をみせた。

しかし、ブラタが他界する一九八六年前後、インドネシアは原油価格下落による不況に見舞われた。インドネシア・ルピアは大幅に切り下げられ、インフレのなか賃金-利潤関係の圧迫を招いた。サヌールでは、バリ島外部からの投資によって競争は加速したが、デサ事業の利益は減り、熟練労働者は外部へと流出した。村落は、そうした職員を引き止めようと、インフレにあわせて大幅に増加していた国家公務員賃金なみの手当を出すこととなった。そこに、一九八四年からの税務規則改定によって、政府からの開発助成金を数倍上回る納税額が課せられた。それら出費を埋め合わせるために、デサ銀行は無利子のローンを組むなど村落の財政を補填し、村落内での影響力を強めた。

こうしたなか、サヌール全体が世間並みの生活水準に至るというデサ開発の理念は揺らぎ、賃金格差が増大した。村落、銀行、事業体は、相互の分離と緊張をみせた。銀行は、独自に賃金水準を確保したいと提案し、経済的合理性の立場から地域内での報酬の格差を支持した。銀行役員は、これまでの平等路線ではなく、諸事業の高度な独立とそ

図4-1　第二回業務協議会におけるYPS組織構成

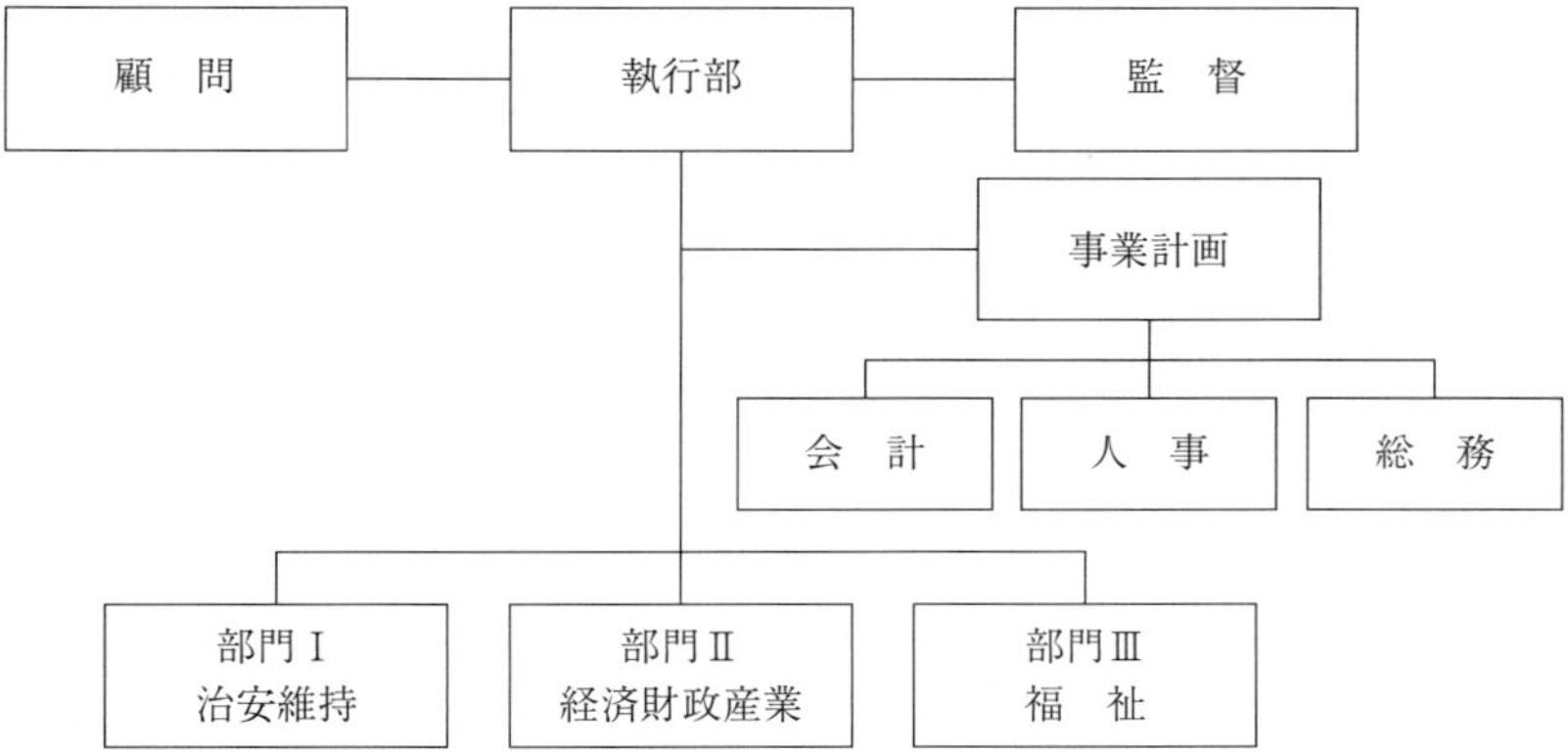

出典：YPS（1988）より筆者が作成

のことによる効果的な競争が、開発を促進させるだろうと考えた。他方で、事業体の労働者や成員のなかには、モラルの減退と発展の共同目的の消失を指摘する声もあり、経済-社会的なコンフリクトが生じはじめた。そうしたなか、サヌールに存在する三つの村落のうちひとつが、評議会や財政権をもたず政府からの開発プロジェクトに従う義務をもつクルラハン（町）という行政単位となり、地域社会の意志決定から隔たってしまう可能性がではじめた。YPSにおいて地域セキュリティが問題とされるようになるのは、以上のような背景、すなわち、経済不況と政府による干渉が地域内に変容をきたそうとするなかであった。

　地域住民に資する目的で設立されたはずの財団は、一九八八年の第二回業務協議会における規定において、デサ・ディナスの活動の支援、民間防衛組織（HANSIP）[7]の支援、中央集権体制を補完する村落開発の範囲でのセキュリティの支援という役割とされた（YPS 1988）。図4―1はこの時点でのYPS組織構成を示している。部門はわずか三つであり、非常に単純な構成となっている。ここでは、YPSはデサ・ディナス政府の下請けともいえる活動を担うようになっていた。すなわち、「YPSは、最初に基金の蓄積の役割で

図4-2　第二回業務協議会におけるYPSと村落（デサ）との関係[1]

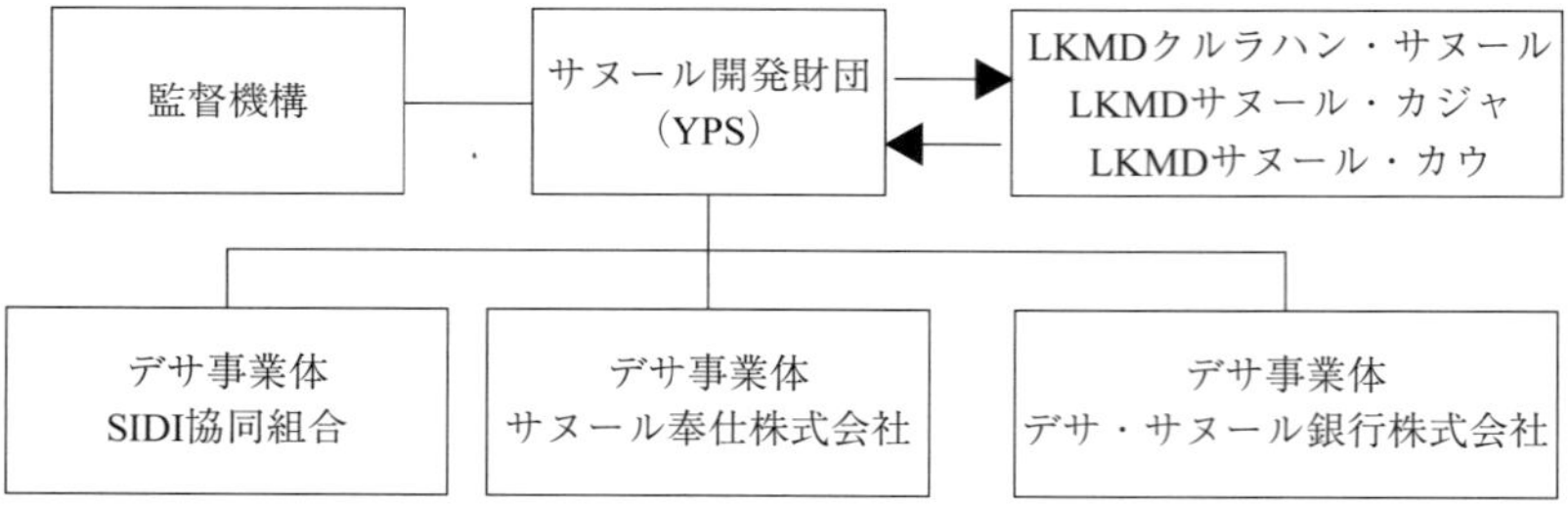

出典：YPS（1988）より筆者が作成
注1）SIDI協同組合の「SIDI」とは、バリ語の丁寧語であり、「Suksmaning Idep Darana Ika」の略語である。日本語では「こころの底から感謝すること、それが私たちの手段である」という文章となる。

あったが、デサ開発の時代に適うＬＫＭＤ(8)が政府によって制定されて以来、サヌールの三つのデサ（行政村）の連合・開発組織として発展」（YPS 2000b : 49）することとなった。図４―２は、ＹＰＳの構成がＬＫＭＤとの関係からも規定されるようになったことを示している。このようにＹＰＳは開発のための末端組織に組み入れられる一方で、内部では、ブラタの他界後から一九八八年までの二年間、リーダーシップの空白と混乱が生じていた。さらに、業務協議会の開催や他の事業体との関係をマネージメントするための綱領ならびに規約（Anggaran Dasar dan Anggaran Rumah Tangga, 略称ＡＤ&ＡＲＴ）がないということが課題となっていた（YPS 2000b : 51）。

そうした役割から脱し、地域に資する自治的な活動に踏み出すのは、一九九二年の組織改編からである（YPS 2000a）。この時、いまだ体系だった綱領・規約（ＡＤ&ＡＲＴ）がなく、大規模な業務協議会を開くことはできなかったものの、証書の記載を変更し決定のすべてをＹＰＳに帰属させるとともに、「バンジャール・アダットをＹＰＳの会員とする」ことが決定された。すなわち、各バンジャール・アダット長に「宗教生活、デサ・アダットの文化の側面だけでなく、ＹＰＳと事業体の事業の監督（pengawas）」という「二重の役割（berfungsi ganda）」をもたせた。そのことによってバンジャール・アダット長は、ＹＰＳの構成員という基盤のうえに一定の権限をもつことができるようになった。しかし、このことは同時に、ＹＰＳが、末端のバンジャール・アダットをデサ・ディナスの開発へと媒介するようになったとも見なすことができる。ＹＰＳがデサ・ディナスとのつながりを弱め、バンジャール・アダットを組織の中核とする体系だったＡＤ＆ＡＲＴを制定するのは、ここからさらに八年後、二〇〇〇年の第三回業務協議会においてである。すなわち、デサ・ディナスの下請けとしての性質からの脱却は、ようやくポスト・スハルト期に可能となった。

一九九七年の経済危機は、デサ・サヌール銀行とサヌール事業体の執行役と設立者に対して、株式会社としての地位を保つために、株の住民への移譲によって銀行と事業体を完全に住民の所有とするための誘因となった（YPS 2000b : 52)。一九九七年一一月一五日、インドネシア銀行の立ち会いによって、ＹＰＳ役員、デサ・サヌール銀行役員が出席し、デンパサールのオフィスにてそのための決定がなされた（YPS 2000b : 52)。こうして、サヌール銀行と事業体は、バンジャール・アダットの監督の下に運営されることとなった(9)。

2．独自の地域セキュリティ組織への着眼

そのような組織改編の後、二〇〇〇年六月に第三回業務協議会が開かれ、二〇〇〇年から二〇〇五年の業務内容が決定された。組織は内部の機能を分化させ、いっそう自治的な活動へと向かった。図４―３はＹＰＳの新たな組織構成を示しており、活動は非常に広範な分野へと広がりをみせている。

そうしたなか、地域セキュリティ部門についての具体的な規定も盛り込まれた（YPS 2000a, 2000b)。業務協議会当日には議題・報告資料（YPS 2000a）が配布され、後日、議事録・決定事項集（YPS 2000b）が作成された。この両者の地域セキュリティについての項目をみると、セキュリティの担い手としては、当初、プチャランとＢＫ３Ｓとされて

図4-3　2000年第三回業務協議会にて決定されたYPS組織構成

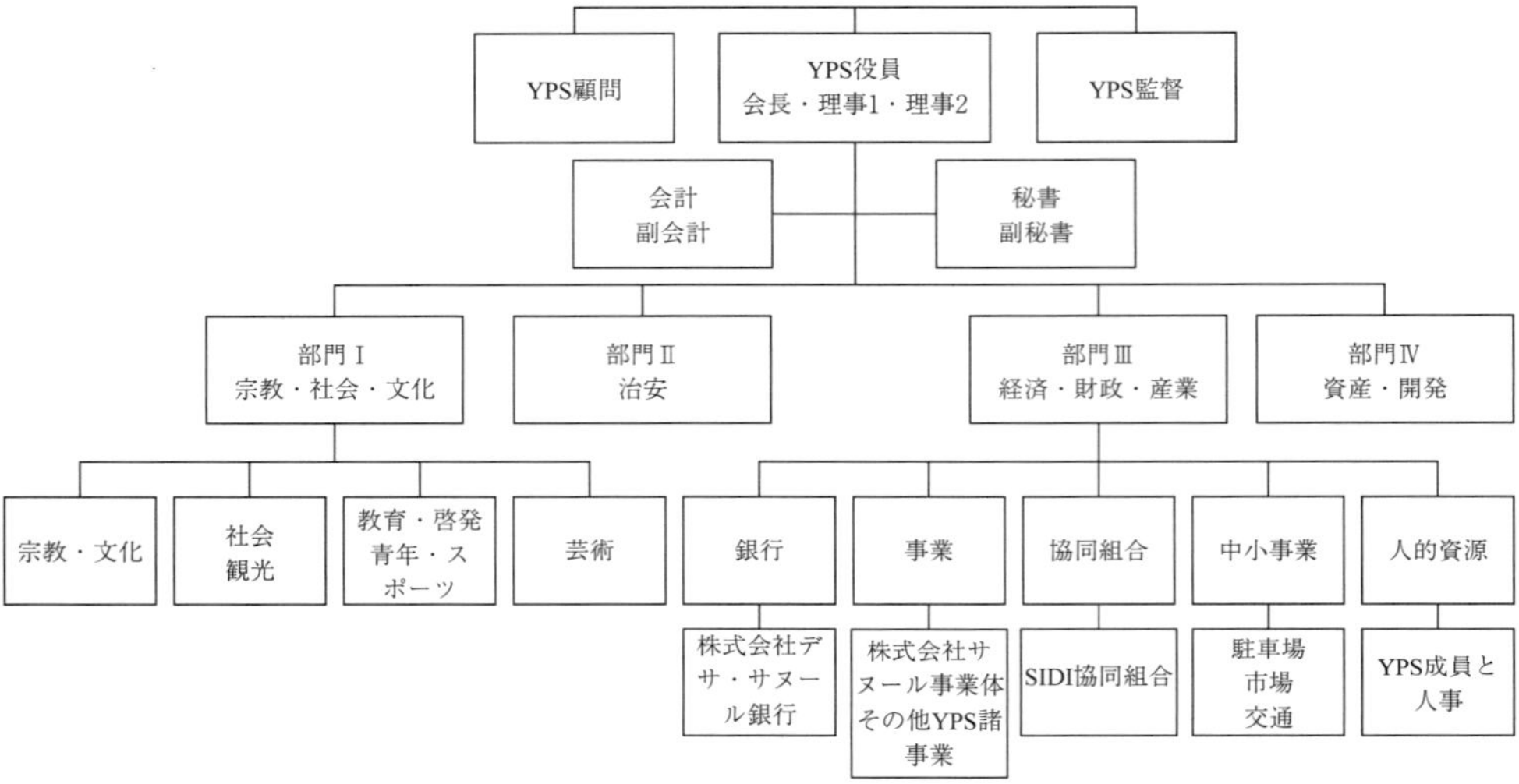

出典：YPS（2000a）と、2005年9月YPS提供資料より筆者が作成

いた（YPS 2000a）。ところが決定時には、バンジャール・アダットの夜警組織（SISKAMLING）[10]に変更された（YPS 2000b）。なぜなら、協議において、プチャランは地域の宗教や祭礼に関するものであり、デサ・アダット長の下にあると考えられたからであった。ＢＫ３Ｓについては、監督権は移譲されたものの、いまだデンパサール市政府に依拠するものとされた。同様に、スハルト体制下に中央集権の末端として機能した民間防衛組織（HANSIP）は、影響力を弱めたとはいえ、デサ・ディナスとの関係において活動を行っていた。

　これらの地域治安維持組織の布置構成を鑑み、ＹＰＳはバンジャール・アダットを基盤としていること、その領域のセキュリティは夜警組織が担っていることが強調された。しかしその後、より統合的な組織の必要性が論じられることとなった。いずれの組織にしても、成員はそれぞれの組織がうけもつ領域からのみ集められ、機能も限定され、他の地域どうし、あるいは異なる組織どうしが相互に関連するということはなかった（YPS 2005b）。ＹＰＳは、これまでのどの地域治安維持組織とも異なり、セキュリティの範域としてサヌール地域全体を面的に視野に入れ、「美しく調和のとれた環境」といった統合的な地域像をめざした。

また、協議会報告資料においては「サヌールを訪れる観光客に、行商、物乞い、強盗、スリなどからの安全を提供する」（YPS 2000a）とのみ記載されていた事項が、決定（YPS 2000b）においては、これに先立つ二〇〇〇年五月一〇日にデンパサール市によって施行された「デンパサール市の公共の美化と秩序に関する市政令一九九三年第一五号改正に関する市政令二〇〇〇年第三号」を遂行するとされた。この政令は、一九九九年にインドネシア政府によって定められた地方行政法（法律一九九九年第二二号）をうけて決定されたものであり、地域の環境整備、美化、規律、安全といったことについての規定からなる（Walikota Denpasar 2000b）。詳細には、路上駐車の禁止、届け出のない場合に公共施設内での販売の禁止、手押し屋台などカートやそれに類するものを用いた路上や公共の場所での商売の禁止などが謳われている。

ＹＰＳはこの市政令を自らの活動の正統性に据えるとともに、地域の協働を基礎としてセキュリティの活動を展開した。その具体的なあらわれが、二〇〇〇年一一月末から一ヶ月間にわたって、特にインフォーマルセクターを対象に行われた一連の地域制御活動であった。活動が始められる際、ＹＰＳは、地域セキュリティの新たな担い手の組織化と地域の関心の凝集が必要であると考えた。そこで、ＹＰＳは、活動に先立ち大規模なパネルディスカッション「私のサヌール、私たちのサヌール」（Sanur Kami, Sanur Kita）を開き、地域の問題を、サヌール全体の問題であると同時に諸個人の身近な問題として捉えるべきであるとした（YPS 2000f）。同時に、ＹＰＳは、ＢＫ３Ｓだけでなく各バンジャール・アダットの青年団、プチャラン、夜警組織（SISKAMLING）に加え、民間防衛組織（HANSIP）、海浜観光業就労者等からも、すべてボランティアとしてメンバーをあつめ、かれら個々のメンバーを「ティムスス」すなわち特別チームと称した。

第4節　特別チーム「ティムスス」

1．組織の発足と活動の展開

一九九〇年代に入り増え始めたインフォーマルセクター就労者は、一九九七年のアジア経済危機を境にいっそうの増加をみせていた。それとともに、観光客をめぐるコンフリクト、交通の妨害、ゴミの増加が懸念されるようになった。例えば、インフォーマルセクター就労者のなかには、ホテルやレストランの入り口に大挙して押し寄せる者、施設のなかにまで入って品物を売る者、屋台や荷車で道を塞ぐ者がいた(11)。そこに、人ごみに紛れたスリ、ひったくりが加わった。

ＹＰＳは、インフォーマルセクター就労者の販売行為を統制し、取り締まるために、継続的な見回りをはじめとした一連の制御活動に着手した。そこで、特別チームを中心に、一ヶ月間、そもそもサヌール地域にはどのようなインフォーマルセクターや犯罪が存在するのか、それらは観光客にどのように接し、影響を与えているのか、デンパサール市の市政令は守られているかといった点が観察、記録された。この活動を担ったボランタリーな集団が、二〇〇〇年一二月初めの理事会をもって結成される「ティムスス（TimSus）」、サヌール安全パトロール特別チーム（Tim Khusus Patroli Keamanan Sanur, 略称TimSus PKS）へと引き継がれ、改めて、各バンジャール・アダットから二名を目安に成員が集められた（YPS 2000c）。

その後、各インフォーマルセクターに対し、ティムススが中心となり、サヌール内での商売の規制についての手紙が街頭にて配布され、同時に、手紙の内容、許可の必要、罰則などについての説明が行われた（YPS 2000d）。手紙には、デンパサール市政令による決定とＹＰＳによる決定に従い、サヌール地域のあらゆる観光産業が、バリとサヌールのイメージを「元に戻す」ことに責任を負わなければならないと明記された（YPS 2000e）。一二月末、ティムススは、違法な両替商や店舗については警察へと引き渡した。また、対象とされるインフォーマルセクター就労者については、市政令違反者に対する指導と取り締まりを担うトランティブ（Dinas Ketentraman Ketertiban dan Satuan Polisi Pamong Praja Kota Denpasar, 略称Dinas Trantib & Satpol PP）[12]に引渡し、その後、サヌール地域ではほとんどの観光業インフォーマルセクターが禁止されることとなった。この活動を端緒として、ティムススは地域におけるセキュリティの担い手としての正当性と影響力を強めていった。

その後もインフォーマルセクター制御の継続により、地元観光業に開かれた環境が維持された。例えば、インフォーマルセクター就労者がひしめいていた道路は観光客のために広く開けられることで、観光客は落ち着きのある地域内を妨げなく還流し、土産物店をはじめとした観光の担い手たちとのコミュニケーションの機会をいっそうもつようになった。ティムススは、観光地域だけでなくサヌール地域の一部を通るバイパスでの不法投棄の取り締まり、事故にあった人や車の救助を行うとともに、祭礼や種々の社会活動に関連するセキュリティ活動の調整役ともなった（YPS 2005b）。そのようにしてティムススは日常的にも存在感を増していくことによって、二〇〇五年に開催されたＹＰＳの第四回業務協議会におけるセキュリティについての議論は、ティムススの話題一色となった。図４―４はこの時に決定された組織構成を示しており、全体として、より整然としたものになっている。地域治安維持については、ティムススがＢＫ３Ｓの役割をも担い、その成員をいずれチームに編入させること、プチャランやHANSIPと相互に協

図4-4　2005年第四回業務協議会にて決定されたYPS組織構成

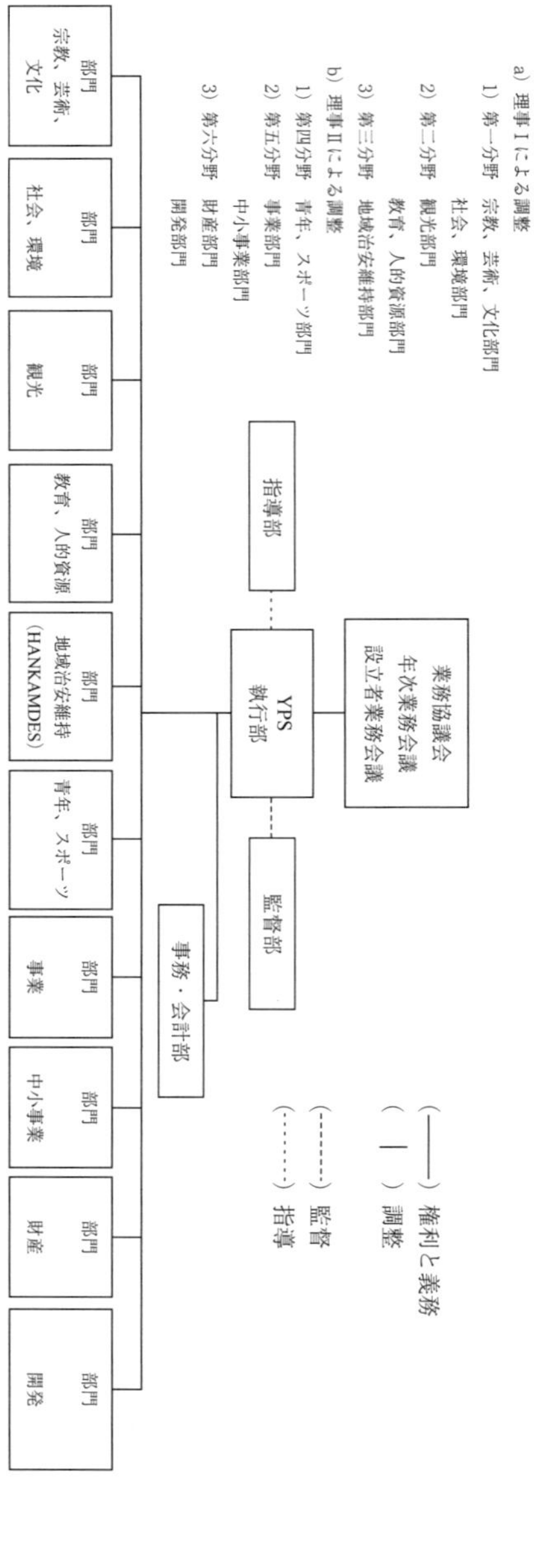

出典：YPS（2005a）より筆者が作成

力し合うこと等、既存の地域セキュリティ組織との関係が整理された。あわせて、ティムススはバンジャール・アダットの代表によって構成されるボランティア組織であることが確認された（YPS 2005a, 2005c）。

2．相対化と調整の役割

ボランティアとして参加するメンバーをつなぎとめるインフォーマルな施策のひとつが、サヌール地域のホテルや商店のガードマンへの推薦である。このことによって、ティムススは、地域のネットワークと知識を有する成員を賃労働への機会に開かせるとともに、観光産業との繋がりと情報のやり取りを円滑にしている。グローバル・ツーリズムの資本の影響や競争に晒されながらも、観光業市場にガードマンとして地域住民を参加させることは、ツーリズムの潜在的な制御力となる。さらに、ティムススは、デサ・ディナスの役割である住民票登録や確認の助成を行っている。デサ・アダットとの関係という面でも、大小の宗教的祭礼において、チームの成員はプチャランの装束をまとって半ばプチャランとして参加するよう要請されることがある。このように、役割や機能という点でも多くを担うようになっていった。

この場合、ティムススの成員がデサ・アダットによって認定されたプチャランになるということではなく、たとえ認定されていない成員であっても、宗教的祭礼時にデサ・アダットやバンジャール・アダットからの要請如何によって、プチャランの装束をまとって警備につき、プチャランの助成を務めることがあるということである。そのため、場合によっては、宗教的祭礼であってもティムススの制服での参加ということもある。近年、サヌール内の地域によっては宗教的祭礼における警護全体をティムススにまかせてしまい、プチャランが祭礼会場周辺の警護に参加しないという状況もみられる。ここには、都市部あるいは観光地域において、ゴトン・ロヨン（相互扶助）が金銭によって代えられることが端的に示すような、慣習面の変化があらわれているともいえよう。

成員にしてみれば、自分たちは治安維持のためのパトロールなど警察に近い役割をしているが、法的に警察であるわけではない。デサ・ディナスによる住民票チェックの手伝いは、要請されたときのみの仕事である。プチャランとしての役割も同様であり、村落によって正式に規定されるものではない。むしろ、彼らに言わせれば、自分達は何らかの役割に偏ってしまってはならない。すなわち、地域制御の実行力であると同時に各種セキュリティ組織どうし、あるいはそれらと地域との間に立ち、調整役とならなければならない。この点で、組織間の隔絶という地方分権の問題の解決に一定の貢献を成している。

また慣習（adat）に基づくことは重要であるが、それは、プチャランの役割を重視するということではない。同様に、宗教的権威としての慣習（adat）を正統性の根拠にしようということでもない。それは、活動の評価として誰よりもまず、様々な構成要素の総体としてのサヌール社会にもとづき、評価されるべきという意識のあらわれである。そこでは、これまでの組織が閉じこもってきた地域社会の分節や区別の内部に捕われるのではなく、それら全体からなるものとしてサヌール地域を捉えるべきであるという考えが基本となっている。この点では、第2章において論じた近年の「Ajeg Bali」キャンペーンのようなバリ・ナショナリズムを、一定程度相対化することを可能としている。

改めてサヌール地区に関係する地域治安維持組織についてまとめよう。BK3Sは軍・警察とともにディナスの系列から地域を掌握しようとした。ハンシップ（民間防衛）はデサ・ディナスに限られ、シスカムリン（夜警組織）はバンジャール・アダットに限られている。二〇〇〇年前後から活発化しているプチャラン（伝統的警備隊）は、デサ・アダットがもつ地方分権化時代の意義を強調し、ディナスとの機能の分有をめぐる論争を引き起こしているという点で、地域社会構成の有り様にたいして人々の注目を集めている。

これらと比較して、新たに組織されたティムススは、第一に、バンジャール・アダットを基礎として住民参加を促し、各セキュリティ組織の媒介となることによって多面的な構成要素を保持している。同時に、デサの次元を超え、南デンパサール郡という行政単位とは異なる、「ひとつのサヌール」という大きな地域像を生み出している。そのことにより、第二に、デンパサール市の都市化の一様態としての、ディナス面の増強、それゆえのアダット面の減退（吉原二〇〇六）に対して、グラスルーツとしてのアダットの可能性を提示しているともいえよう。

すなわち、ティムススの種々の役割と一連の地域制御活動において、住民参加という点では、バンジャール・アダットという近隣においてその基礎を保持している。活動の点では、居住地域や観光地域を含み、これまで開発の対象とされてきた村落（デサ・ディナス）を越える次元に役割を拡大・応用することで、その影響を一定程度相対化し、近隣部落の内部にとどまらない領域的なイメージの喚起を可能としている。ここには、地域の諸問題を措定し対応するうえで、草の根レベルの住民参加、新たな領域性と地域像の獲得、多様かつ広域な活動の機能が共に醸成され得るような、地方分権化時代の地域セキュリティ組織の様態を見て取ることができる。

第5節　むすび

以上のように、ＹＰＳとティムススは一連の地域制御活動をとおして、マスツーリズムへの対抗的な地域開発を行ってきたバンジャール・アダットに再帰することで、多元性の要素としてのバンジャールの役割を刺激した。同時に伝統の物象化ともいうべき状況（第2章）を相対化する空間認識・活動範囲として、デサ（ディナス）や郡という行政区域ではない、自分たちの慣習的なまとまり「サヌール」を共有するに至った。地域セキュリティ組織としてのティムススは、中央集権体制によって硬直化した各種地域治安維持組織を相対化しつつ、多元性の種々の要素を交流させ、既存の資源の動員を可能としている。ここに、バリ島の地域社会構成としての多元的共同性が地方分権化のなかで換骨奪胎されて機能し、「創造的問題解決」の様相を呈してもいる。

第3章との関連から、ツーリズムに対して地域セキュリティ組織がもつ影響について整理すると、ＹＰＳとティムススは、地元観光業に有利な物的環境と、地域のより広域かつ統合的なイメージの醸成を可能とした。それは、静けさ、落ち着き、昔ながらのバリらしさという価値的な観光資源として、観光客のまなざしを方向付けるものとなった。同時に、隔絶された高級リゾート地ヌサ・ドゥアや、都市的な猥雑さの魅力によって多くの観光客を集めるクタという近隣の観光地に対して、サヌールが観光客を取り戻すうえで一定の効力をもつ価値となった。この新たな「古き良きバリ」は、観光客の足取りをゆるやかなものとし、店先での「バリ人」とのコミュニケーションを促し、来訪者にひとときの楽しみを提供している。それだけでなく、地元土産物店の店員にとって、店先は、自分の母・子と安心して過ごすことができる場所ともなっている。さらに、滞留型のインフォーマルセクター労働の禁止と、交通渋滞のなくなった道路を利用して、バイクによる土産物の卸売商という新たな労働形態がみられる。このように、サヌールにおける地域セキュリティの組織化は、ツーリズムや地域社会経済に目にみえる形で大きな影響を与えた。

しかしここで注意したいのは、その動きが、ポスト開発体制の錯綜と地域セキュリティ組織の不在という社会状況の中で生じたものである限り、いまだ澱の様相を呈し、上からの攪拌や濾過によって回収あるいは解消されてしまう可能性を残してもいるという点である。分権化と民主化、地方自治といった課題へと敷衍するのであれば、このような地域セキュリティ組織の試みが独自性を担保しつつ如何に構造化されるのか、よりマクロな動きとどのようにして付節をあわせ、接合され得るのかに注意を払う必要がある。そうした試みを経るなかで、先進国における地域セキュリティの組織化の動向、すなわち国民国家の統治能力が縮小・変容し、NPOや企業による地域セキュリティの確保とその隆盛、保守化・右傾化をみせる近隣住民による地域セキュリティ組織の躍進を位置づけることも可能となる。同時に、それらの布置を制御しようとする国家の新たな統治の戦略など、より普遍的な動向との関連のうちに地域セキュリティを捉え直すこともできるだろう。

以上のような新たな問題意識をふまえつつ、続く第5章および第6章では、デンパサール市による「デサ安全助成（BANKAMDES）」プロジェクトにティムススが動員され、さらにサヌール地区が「安全」をより端的な価値として位置づけ、新たな監視システムへと接続される過程を明らかにしたい。

【注】

（1）サヌールのリゾート開発に対して、地域住民に資する発展をめざし設立された自発的近隣住民組織。詳細については第2節を参照。

（2）インドネシアの国家警察は、長らく軍の一部であった。一九六五年のインドネシア共産党によるとされるクーデタを鎮圧したスハルトは、翌年大統領として政権を誕生させた。その際、スハルトは警察を共産主義に蝕まれているとして、陸・海・空とともに国軍司令官の下におき、四軍構成をとった。そのため、二〇〇〇年に至るまで、第四軍としての警察軍の権限は限られたものであった。国軍から分離し、文民警察となったのは、二〇〇〇年八月の国民協議会決定第六号および同第七号による。

（3）インドネシア陸軍の領域管理構造については、小林（二〇〇五）を参照。

（4）二〇〇六年八月、ＢＫ３Ｓは解体され、成員は退職するか、次節にてとりあげる「サヌール安全パトロール特別チーム（TimSus PKS）」の常勤職に転職するかの選択をせまられたが、わずか三名が転職したのみとなった。かつての詰め所はTimSus PKSの詰め所となり、ＢＫ３Ｓの時代の観光警察用の部屋が残っているものの、当時、ほぼ常駐していた観光警察の姿はほとんどみられなくなった。こうした、二〇〇六年三月以降の「デサ安全助成（BANKAMDES）」の影響による組織変容については本書第5章および第6章を参照。

（5）プチャランの詳細については本書第2章第4節を参照。

（6）以下、ＹＰＳの略歴についてはウォレン（Warren 1993 第7章）、ＹＰＳ（2000b）を参照。

（7）一九八二年にスハルト中央集権体制下の末端に設置された地域治安維持組織。バリ島においてはデサ・ディナスのレベルに設置され、人員もデサ・ディナスを単位として招集された（本書第2章注10再掲）。

（8）ＬＫＭＤ（村落社会維持開発機構）は村落行政を補佐する目的から、一九八〇年の大統領決定第二八号などの法律により、その機構が定められた。

（9）二〇〇〇年の時点での収入に関しては、事業体関連として、教育研究センターの運営、サヌール地域にある朝市の運営、サヌール地域にある駐車場の運営、銀行関連として、バンジャール・アダットが持っている株（事業体と銀行）の配当、協同組合関連として、各部落の協同組合の利益の一%、加えて、寄付(条件なし)からなる(YPS 2000b : 27)。

(10) シスカムリンについては本書第7章第4節参照

(11) 一九九〇年代後半のサヌールのインフォーマルセクターについては本書第3章第4節を参照。

(12) 地方官吏警察についてのインドネシア政令一九九八年第六号(Presiden Republik Indonesia 1998)によれば、トランティブは地方警察の一種であり、州知事、県知事、市長、郡長といった地方首長の下、社会調和秩序局(Bidang Ketentraman dan Ketertiban Masyarakat)におかれる。その任務は地方政府政令と地方首長決定の確立・維持、社会の調和と秩序の保守とされ、違反者に対する指導や、刑事事件に関係する行為を発見した場合の捜査官への報告が任務となる。組織構成は、国防大臣、軍司令官、行政管理担当国務大臣の判断を通し、内務大臣によって定められ、成員が任命される。デンパサール市の社会調和秩序局長へのインタビュー(二〇〇六年三月)によれば、かつては実力行使に伴う暴力のため住民との距離を生んでいたが、近年、NGOとの協力によって法執行の正当性を担保するなど、より民主的な組織へと改変が進んでいる。

第5章　デンパサール市におけるコミュニティ・ポリシングの勃興

第1節　はじめに

第4章では、サヌール地区において立ちあげられたサヌール安全パトロール特別チーム（Tim Khusus Patroli Keamanan Sanur : TimSus PKS）、通称「ティムスス」という、サヌール地域住民による地域セキュリティ組織について論じた。デンパサール都市警察は、ティムススを「バリ島の治安の成功例」と評するほどであった。その成功を導いたティムススは、二〇〇〇年の結成と活動以来、行政単位をこえた「サヌール」という領域を共有した広域な活動、バンジャールを基盤とした多様な人材等を特徴とした。

二〇〇五年、ここに警察による包摂の試みとしてBANKAMDESというプロジェクトが適用された。そのことにより、ティムススおよびその母体であるサヌール開発財団（ＹＰＳ）はどのように変化したのか。変化に際してセキュリティ・システムがもつ弾力性と変化の閾値を明らかにすることが本章および第6章の目的である。本章ではそのために、デンパサール都市警察（Polisi Kota Besar Denpasar : POLTABES Denpasar）が開始し、ティムススに適用されたプロジェクトに着目する。それは「デサ安全助成」（Bantuan Keamanan Desa : BANKAMDES）という名の下、「コミュニティ・ポリシング」という統治の様式を応用するものであった。

本章ではティムススに適用されるまでにBANKAMDESがどのように展開したのか、その過程を明らかにしたい。これが、第6章においてBANKAMDESがティムススをどのように位置づけ包摂しようとしていたのかを論じる背景となる。そのためにまず、最初の適用事例としてデンパサール市のインナーシティの事例、次に、第二の適用事例として南西部海浜観光地区の事例に着目する。インナーシティの事例においては地域社会への関心が希薄であること、第二の事例においてはすでに種々の自警団が存在することを前提として、コミュニティ・ポリシングが「ポリシング」と「コミュニティ」をどのように位置づけ地域社会を包摂していくのか、その特徴が明らかとなろう。続く6章では、第三の事例としてティムススの動員について論じることで、自発的な近隣住民組織による地域セキュリティ・システムが警察機構によって包摂・制度化されて行く過程を明らかにしたい。

第2節　コミュニティ・ポリシングとは何か

「コミュニティ・ポリシング」という英語出自の概念が用いられるに先立ち、インドネシアでは同様に「ＮＰＯ」や「ボランティア」というような、当時世界的に流行している用語が度々用いられてきた。バリにおいては変革期にＮＰＯが乱立したが、それらは慣習村の枠組みを基盤とし、「世界的動向への呼応というよりも、国内の文脈における自己主張の枠組みの収斂、強化といった側面が強い」（鏡味二〇一〇：二二）ものであった。爆弾テロ後の「ボランティア」もまた名前だけに終わるものであった（Palguna ed. 2006 : 138–140）ことも、同様の文脈で考えることができる。この点から、西欧型の市民社会出自の概念をバリ島においてそのまま想定することは難しく、地域セキュリティに関してもまたインドネシアおよびバリ島の独自の文脈を把握する必要がある。ここでは、米国におけるコミュニティ・ポリシングとの対比によりそうした文脈をより明確なものとしたい。

１．諸外国からみるコミュニティ・ポリシング

コミュニティ・ポリシングの基礎的な理念は市民と警察の共同であるが、各国・地域により多様性がある。例えば、米国ではいちはやく、一九八〇年代の犯罪原因論から犯罪機会論への転換のなかではじまり、一九九〇年代には全国的な展開をみた。そこでは特に、警察と市民部局の連携が重視されるとともに、警察への信頼の醸成、市民による警察裁量の監視、コミュニティごとの多様性が重視された（Kelling & Coles 1996, Etzioni 2001）。警察大学校学友会と安全問題研究会（二〇〇〇）は諸外国における実施状況についてまとめており、ヨーロッパでは一部同様の理念を共有しながらも、国家によるトップダウン型の政策という色彩がより強いものであった。アフリカや中南米では国家と市民という二極分化が前提とされた。そのため、国家権力による市民部門の掌握という側面と、国家の影響力が及ばない領域における自警団の存在を意味した。中国では農村部のおよそ八〇％に自警団が存在し、毛沢東の大衆路線と儒教の影響を色濃く残していた。道徳的価値観の影響力という点において日本の場合は中国に近く、かつてあった伝統的近隣社会が犯罪抑止の環境として機能していたため、そのような抑止力を再生することが必要であるとされる（犯罪対策閣僚会議二〇〇三）。

二〇〇〇年代にはＲ・Ｄ・パットナム（Putnum 200=2006）が米国のコミュニティの危機を論じるなかで、コミュニティ・ポリシングは、治安の側面からのコミュニティ構築の手法（Glaser and Denhardt 2010）、ネットワーク形成の手段（Chaskin 2003）として着目された。しかしながら同時に、市民的な隔離状況を生み出すのではないかという批判

（Benest 1996）、民間によるパトロールは自発的ゲットーを形成し、自らの孤立を継続させ悪化させることへの懸念（Bauman 2001=2008 : 159–161）、不適切なプログラムが過剰に単純化され用いられていることへの批判（Garland 2001, Skogan 2004）があった。他方で、より直接的には、警察権限や国家の公共性に対する監視の役割（Kelling and Coles 1996 : 179, Etzioni 2001=2005 : 47, 91–94）、地域のニーズ・伝統・価値観に基づく包括的なパートナーシップや多様性もまた重視された（Kelling and Coles 1996 : 179）。

これらの事例からわかるように、コミュニティ・ポリシングは、警察が地域社会をトップダウンの政策的・社会技術的手法により包摂しようとする方向性と、自警団に代表されるようなボトム・アップの方向性が存在することになる。ただし、軍や警察が地域社会を包摂しようとし、抑止力として地域社会のインフォーマルな暴力を利用してきたという点だけをみれば、インドネシアの中央集権体制がそうであったように、あえてコミュニティ・ポリシングという必要性は無い。ここでは、「コミュニティ」のディスコースを駆使しながら国家による統治能力を「遠方において（at a distance）」発動させようとするという点（Ericson and Haggerty 1997, Yarwood 2007 : 341）に着目し、インドネシアにおける適用事例から、セキュリティの技術がもつ普遍性を具体化していく際の特徴について論じる。

2．インドネシアのコミュニティ・ポリシングの勃興

二〇〇四年に発足したユドヨノ政権において、治安・秩序の向上と犯罪対策の推進が謳われ、その一環として、コミュニティ・ポリシングたるPOLMASモデルの運用に関する政策および戦略に関する通達が国家警察長官決定として策定された（Kepolisian Negara Republik Indonesia, 2005a）この通達は、二〇〇五年七月に、警察システムの民主的運用と地域住民との共同のために国家警察によって実行された「社会的警察の戦略（Strategi Perpolisian Masyarakat）」という政策

に向けて出されたものである。

「地域社会と市民は、警察がサービスを提供し、責任をおう対象であり……住民は平等なパートナーとして位置づけられる。……そうしたコンセプトは、インドネシアのコミュニティに既存のセキュリティ・システムを応用し拡げることによって、コミュニティ・ポリシングをインドネシアの社会的特徴と需要に適するよう再形成することから生じている。……コミュニティ・ポリシングの特徴は、外国から輸入されるものではなく、インドネシア国民の社会生活の価値を担うものである。……（インドネシア国民の社会-文化的特徴は）諸個人よりも、社会的諸価値を尊敬するものである。地域の実情においては、各々の地域的／民族的な文化的価値が、社会的な諸問題を解決するための影響力となっている。インドネシアの宗教的社会においてもまた、人びとはお互いを尊重し、許し合う価値をもっている。かつて、「慣習法の判事」が知られていたことも、その特徴である。こうした状況は、コミュニティ・ポリシングが有効な役割をするためのひとつのモデルとなり得る」（Kepolisian Negara Republik Indonesia, 2005a）

その特徴は、市民は警察のパートナーであるという点において、上述のコミュニティ・ポリシングと同様のコンセプトをもつことである。しかしながら、米国におけるコミュニティの多様性、日本における地域社会の共通理念という特徴とは異なり、インドネシアという国家の一貫性がありながら、「各々の地域的／民族的な文化的価値」が参照され、多様な社会や文化から形成されているということが前提とされている。

これまでもインドネシアは、「多様性のなかの統一（Bhinneka Tunggal Ika）」を建国の理念として、国内の文化的・民族的多様性の扱いに注意を払ってきた。スハルト体制における「社会的な多様性」は、中央集権体制下、軍部主導型の政治体制において「エスニシティをめぐって生じる危険性を物理力で封じ込める『危機管理』能力が極めて高い」（後藤一九九二：八五）ことにより、政治的・社会的秩序維持が可能な状況下において認められるものであった。それでは、地方分権化が進むポスト・スハルト体制期において、警察機構は「各々の地域的／民族的な文化的価値」にどのように対応しようとするのか。

国家警察長官による通達の具体化として、二〇〇六年七月には警察内部組織として情報通信局、刑事局、警備局、交通局等にむけたガイドブックが出された（Kepolisian Negara Republik Indonesia 2006a-2006d）。一一月からはPOLMAS振興のための五ヶ年計画がはじまり、二〇〇八年にはインドネシア国家警察長官による方針（Kepolisian Negara Republik Indonesia 2008）が出され、計画の具体化がいっそう進展することとなった。[1] ここではその全貌を捉えることはせず、あくまで、前章において論じたティムススとサヌール開発財団（ＹＰＳ）が警察による新たなプロジェクトにどのように包摂されていったのかについて論じることで、地域セキュリティの弾力性（システム変化の閾値）を明らかにしたい。そのため本章ではまず、ティムススに直接影響力を行使した、デンパサール都市警察によるコミュニティ・ポリシングのプロジェクトであるBANKAMDESに着目し、その発端からティムススへの適応までの過程を追う。

デンパサール市では二〇〇五年に「デサ安全助成」（Bantuan Keamanan Desa：BANKAMDES）というプロジェクトによりコミュニティ・ポリシングが具体化され、地域の様々な自警団を統合するという方向性が打ち出された。デンパサール都市警察の認識によれば、それら自警団は、時に、世俗法によらずに暴力的な行為によって地域の安全を確保しようとしていた。そうした暴力行為・私刑の延長において、容疑者の予期せぬ事故死がみられたり（水野二〇〇六）、本来政府の役割である移民の登録チェックを強行し税金と称した恐喝が行われたり、それに応じない移民に対しては焼き討ちにあうということさえあった（Vickers 2003）。

一九九八年のスハルト退陣以降、中央政府の権力の弱体化の影響をうけた地域セキュリティ・システムの揺らぎのなかで、第2章において論じた伝統的警備隊プチャランをはじめ多数の自警団が出現した。これに対して警察は、機構の再構築と影響力の強化を目的として、それら自警団を管理する必要があった。デンパサール都市警察によれば、

「地方の警察は、州・県・市・郡のなかで組織されている……。他方、町・村落のレベルでは、公共秩序にかかわる部門をもつ組織は（中央集権体制崩壊以降）未だ存在しない。この空白（kekosongan）は、町・村落のレベルに治安の装置を設置することで解決される必要がある……。（治安に携わる組織が）基本的な任務から逸脱することは、危険をひきおこす。……それぞれの部門の任務、役割、機能を知ることで、その結果、地方政府、警察、社会の間の枠組みの一致点をみいだし、……その結果、地域社会の治安・秩序にかかわる諸任務が効果的に、効率的に、継続的に実施されることが期待される」（Kepolisian Negara Republik Indonesia Daerah Bali Kota Besar Denpasar 2006a）

このように、警察は自警団を地域セキュリティの担い手とはみなさず、むしろ統合が必要であるとした。そのためには、町・村の次元における新たな地域治安維持の制度が必要とされた。ここで、デンパサール市のコミュニティ・ポリシングとは、コミュニティを、穴／空白のない首尾一貫したセキュリティの制度によってポリシングの対象とするというものであった。

第3節　デンパサール都市警察によるシステム構築の試み

1. BANKAMDES設置の背景

端的にBANKAMDESとは、デンパサール都市警察管区(2)において、警察の指導と研修を受け合理化が進められた自警団とその運用の仕組みのことである。このことをふまえ、二〇〇六年三月に作成された規定集(3)とハンドブック(4)に着目し、その位置づけを明確にしよう。

規定集において、社会一般の状況への認識としては、社会のダイナミズムと流動性の高まりによって犯罪の質・量ともに悪化しており、対策を警察と住民が共に進めることは地方政府と地域社会の義務であるとされる。さらに規定集によれば、地域治安のシステムとしては、これまでも一九八二年から民間防衛《ハンシップ》（Pertahanan Sipil：HANSIP）が存在した。軍との関わりでは八二年の国防治安法において設置された市民抵抗団《ワンラ》（Perlawanan Rakyat：WANRA）、国家警察との関わりでは住民保安隊《カムラ》（keamanan rakyat：KAMRA）があり、一九九九年の一連の地方分権化にかかわる法整備をとおして、自然災害と避難民への対応ということでは社会保護《リンマス》（Perlindungan Masyarakat：LINMAS）が設置された。しかしそれらは、地域社会のなかでいかに位置づけられるかについては明確ではなかった。加えて、二〇〇四年の地方分権化二法をうけ、ワンラとカムラは地方政府のシステムから外れることとなり、リンマスのみが残された。規定集は、こうした状況を鑑みると、社会の防衛、治安、保護といった機能にたいする市民の関わりが制限されている状態であるとしている。

では、警察自体の枠組みはどうか。規定集によれば、警察は州・県・区（郡）において組織されるが、町／村（クルラハン／デサ）のレベルでは警察官が配備されるものの、その下に組織だった体系が存在しない。ハンシップの弱化以降、市民の側にもそのレベルでセキュリティの組織化を担う主体がなく、そこに「空白（kekosongan）」が生まれている。「それを埋める役割を担い得る」と一般に目されている存在として規定集があげている組織は、伝統的警備隊プチャランとリンマスである。しかし、それぞれは、宗教と慣習の諸活動の治安維持、自然災害や避難民への対応・保護という特殊専門的な任務をもつとされる。警察からみれば、それらの任務や勢力を拡張したり、逸脱することは危険なものとなる。特に、昨今みられたプチャランによる任務の逸脱は「種族・宗教・人種・階層に関わる問題（SARA）」を引き起こし、自身の神聖な価値を貶めることになる。そのため、両者とは別に、自発的な治安維持の形態として、地方政府、警察、社会の間の意見の調整と一体化を可能とするような諸任務をもつ組織が必要とされる。そこにBANKAMDES設置の必要性があげられることになる。

ハンドブックによると、BANKAMDESの設置は、村落／町がいっそう安全になるために「自発的（swakarsa）」なものであるという。同様に、そうした「自発的治安維持（Pengamanan swakarsa）」は「地元社会のイニシアティブ（prakarsa masyarakat setempat）」の上に行われるとされる。ここでいう地元社会は、デサ・ディナス／町（クルラハン）／慣習村（デサ・アダット）である。その実施は、警察の調整の下にありながらも、村落長／町長の責任によるとされる。警察と他の自発的治安警備の諸要素（伝統的警備隊プチャラン、ガードマン、夜警組織シスカムリン）との協力が謳われるという点では、地域への歩み寄りがあるようにもみえる。ただし、地域社会の治安の状況や障害についての情報を警察に報告する義務が謳われている点では、既存の各種組織や慣習村の範囲までも再掌握していこうとする警察の意図もまた見てとることができる。

あわせて、規定集とハンドブックの両者に共通する理念としては、「近代的・民主的手法」であるところの「コミュニティ・ポリシングの適用（penerapan Community policing（pemolisian masyarakat））」があげられる。それは、「問題の解決（Problem Solving）、連携（Partnership）、犯罪予防（Crime Prevention）」を重視し、そのなかで地域社会は、治安警備の対象（obyek）としてではなく、地域の治安にたいする義務をもつ治安警備の主体（subyek）として、警察のパートナーとして協働する存在となる。[5] そうしたコミュニティ・ポリシングを助けるもののひとつがBANKAMDESであるとされる。以上のように、一連の規定からは、ポスト中央集権体制下における地域社会の治安維持の制度的空白地点に、警察主導で新たな制度を敷設しようとする姿勢、警察の影響力を強化しようとする思惑と、地域社会の主体性と共同の重視という両面が現れる。

BANKAMDESが明文化・定式化されたのは以上のように二〇〇六年三月であるが、実際の運用開始は二〇〇五年七月にまでさかのぼる。そこから、規定集が作成される二〇〇六年三月まで、デンパサール市周辺部インナーシティ、南西部海浜観光地域、南東部海浜観光地域と、大きく三カ所各々の特徴をもった試みがみられた。そこでは、規定集やハンドブックでは捨象された内実として、麻薬・危険薬物（NARKOBA）のような具体的な諸問題への対応と、地域の人員構成や自警団の組織化という点で、様々なアプローチがみられた。これは、中央集権体制崩壊以後、バリ島において、国家・州レベルと地域社会との間、すなわち県・市のレベルでの一貫した制度形成の難しさの現れであるといえよう。それは、国家レベルでのコミュニティ・ポリシングの適用と実施を規定した二〇〇六年七月の通達に先立って、地域の把握を可能とするための枠組形成の試みでもあった。

2．インナーシティの特徴

二〇〇五年、観光シーズンの最繁期を迎えようという七月、西デンパサールのイアンバトゥ慣習村、八月にはバドゥン県のレギャン慣習村、ついでバドゥン県内の主要観光地域に相次いでBANKAMDESが設置された。この始動と展開過程について、バリ州の地元紙『Bali Post』の記事および筆者によるインタビュー調査等を参照しながら整理していこう。(6)

はじめに、デンパサール市中心部の北側、インナーエリアに位置するイアンバトゥ慣習村の事例をもとにBANKAMDESの特徴を明らかにしたい。そのために、まずは筆者らによるアンケート調査（第2章3節を参照）をもとに、イアンバトゥ慣習村に属するバンジャールＹＢＫ（仮称）の地域社会活動の頻度を、デンパサール市内のバンジャールの平均値、他県のバンジャールの平均値と比較することによって、多元的共同性の状況を把握する。ＹＢＫにおいては多くの項目（その他を除く一一項目中八項目）の回答として「回数不明」とされ、地域社会活動の状況をほとんど把握できていないことを伺うことができる。(7)この点については、後述のインタビューにおいても「地域のことをあまり知らなかった」という言葉として表されているといえよう。

回答があった「祝祭年回数」「寺院儀式」「行政活動」の三項目をＹＢＫ・デンパサール市内・他県それぞれにおいて表したものが表5—1である。祝祭年回数はデンパサール市平均の約三倍であるにもかかわらず、寺院儀式はデンパサール市の平均値未満であり、宗教的儀礼とは異なる各種のイベント等が催されていることが推測される。さらに特徴的である項目が行政活動であり、デンパサール市平均よりも多く取り組まれている。このことから、バンジャールの機能が行政補完に集約される傾向にあることがわかる。

表5-1　バンジャールの活動状況（年間回数）

	バンジャールYBK	デンパサール市内	他県
祝　祭	4	1.4	3.4
寺院儀式	2	2.3	3.7
行政活動	12	10.6	8.8

出典：筆者らによる調査（第2章3節を参照）結果から筆者が作成
注）デンパサール市内と他県は年回数の平均

イアンバトゥ慣習村と重なるダンギンプリ・クロッド行政村において、二〇〇七年の人口は八、五九一人、一、七四九世帯であり、バリ人六五・四%、ジャワ人二一・二%、フローレス系八・三%、ササック人三・七%、その他一・三%であった。宗教別で見ると、ヒンドゥー教六五・四%、ムスリム二五・六%、プロテスタント五・九%、カトリック二・八%、仏教〇・三%であった。バリ全体と比較してジャワ人、フローレス系が多く、それに伴ってムスリムとプロテスタントが多い状況であった（Desa Dangin Puri Klod 2007）。次節ではこのようなインナーシティにおいてコミュニティ・ポリシングが具体化され適応されて行く過程を明らかにしたい。

第4節　BANKAMDESの具体例

1．BANKAMDESの最初の試み：インナーシティの危険薬物対策

BANKAMDESの発案者であった前デンパサール都市警察本部長デワ・マデ・パルサナによれば、当時、デサ・ダンギンプリ・クロッドではフローレス系住民地区にて麻薬・危険薬物（NARKOBA）が問題となると共に、それらの流通に携わるプレマンが問題となっていた。写真5―1は地区内を縦横に走る小さな路地である。担当警察官によれば、このような路地の生け垣のなか、水路、壁の隙間などが麻薬・危険薬物の一時的な置き場となり、

写真5-1　危険薬物等の取引場所
出典：筆者による撮影

売り手と買い手が直接出会わずに売買が行われていたという。

警察単独での摘発では地域に根を貼った諸問題にたいする対応が難しくなっていたため、地方行政府と地域住民の協力が必要と考えられた。そこで、七月一二日、デンパサール都市警察本部長口頭命令として、「フローレス住民区域におけるNARKOBA流通撲滅のための地域有力者と住民の合議（略称Tatap Muka）」が企画され、一四日にその第一回会議が行われた。ここには、警察・軍だけでなく市議会議員、検察所長、裁判所長、行政村長・慣習村長、住民らが集められた。七月一五日には実際の検挙活動遂行のために、二つの慣習村、行政村、町、四つのバンジャール、デンパサール都市警察署長、郡分軍支部司令官、デンパサール市長、デンパサール市議会議員、デンパサール裁判所長、デンパサール検察局長による署名・承認が行われた。これをうけ、同日深夜、デンパサール都市警察署長、同副署長、デンパサール都市警察部長、副部長、東デンパサール郡警察署長、東デンパサール郡警察の全部長、イアンバトゥ慣習村長、ダンギンプリ・クロッド行政村長、ダンギンプリ・クロッド行政村の全バンジャール長、ダンギンプリ・クロッド行政村の住民一〇人、青年団を動員し、ダンギンプリ・クロッド行政村において麻薬の売

図5-1　デンパサール中心部におけるBANKAMDESの構成

【第二級自治体責任者】デンパサール都市警察長
デンパサール市長
【リーダー】東デンパサール郡警察長
東デンパサール郡長

【責任者】――――【リーダー】
ダンギンプリ・クロッド行政村長　　Babinkamtibmas
イアンバトゥ慣習村長

↓

BANKAMDES責任者

↓

BANKAMDES成員

出典：Kordinator BANKAMDES（2005）より筆者が作成

人と保管所を捜索、麻薬所持の青年を検挙した。七月一六日には警察犬を動員し四〇個の注射器を押収した。

七月二一日、当時のデンパサール都市警察本部長デワ・マデ・パルサナはこの一連の会議と活動をもとにBANKAMDESを設置した。イアンバトゥ慣習村を中心に設置されたBANKAMDESの組織図が図5—1である。

これをもとに七月二二日には活動の打ち合わせ・訓練、七月二四日にはフローレス系住民区域を対象として家宅捜索を行い、麻薬・危険薬物の所持家屋を摘発、住民の身分証所持の確認が行われた（Kordinator BANKAMDES 2005）。二五日に二一人をBANKAMDESの成員に任命した。[8] 成員は麻薬・危険薬物に関する人物に対して、直接の逮捕権をもたされた。その後も七月二六日、七月三〇日、八月一日にはデサ長とともに周辺区域にて観察と取り調べを行い、八月三日にはフローレス系住民区域を対象に再度の麻薬・危険薬物摘発と、行政における人口登録の確認が行われた。さらに地区内に二箇所の詰所の設置、デサ・ダンギン・プリ・クロッドの役所内に事務所の設置等が行われた。

BANKAMDES長のA氏、パトロールに同行した部落長B氏[9]によれば、住民は麻薬の売買が行われているということを知らず、警察から話を聞いたときはたいへん驚いたとのことである。それは、住民として地域の状況を把握できていなかったことへの不安となり、同時に、自分たちの地域にふさわしい活動が必要であるとの認識へと至ったという。具体的には、インドネシア中からの多様な外来者を含む地域ということもあり、BANKAMDESの成員にもまた多様性をもたせるということがデサ長を中心に決定された。二一人の成員はBANKAMDES長の調整のもと、一ヶ月の間毎日、時間はランダムに数人ずつパトロールを行った。部落長、デサ長、それぞれの役員、警察、プチャランもパトロールに加わることもあった。(10)

両氏によれば、これ以前、デサ・ダンギンプリ・クロッドでは都市化が進み、他島からの多くの移住者が居住しているということもあって、Ｂ氏のバンジャールでは近隣住民組織による夜警やその他地域の安全に係わる活動はなかったという。パトロールという点では、バンジャールのプチャランが行政村の許可をうけて行うということにとどまっていた。しかしBANKAMDESの活動を経ることで、治安に対する住民の意識はいっそう高まったという。たとえば、様々なイベント、宗教行事が開催される場合の周辺地域の安全にたいして、BANKAMDESが協力し、コミュニケーションを活発にすることで、お互いの文化や出自についての認識を深めているという。(11)

こうした最初のBANKAMDESの位置づけは、地域の側からみれば、地域住民の関心を地域セキュリティへと向けさせ、それを通して地域社会を知る機会となったかもしれない。とはいえそれと同時に、行政の任務である人口登録のチェックが行われていたこと、伝統的警備隊プチャランもまた警察活動の下に管理され、動員されていたことがわかる。警察の側からみれば、地域としてのまとまりがなく行政補完的活動か都市的イベントかに終始してきたインナーシティの住民を、セキュリティの枠組みを基盤として凝集させ治安維持へと動員する、いわば「コミュニティ」を「ポリシング」の単位として掌握するモデルケースとなったといえよう。地域を知るということも、多文化理解のようなコミュニティ形成に向かうのではなく、あくまで麻薬・危険薬物摘発というかたちで突如あらわとなった無知の知（地域を知らなかったということへの不安）ということに留まる可能性がある。しかも、地域住民は重層的な空間認識をもとにしたリスク・コミュニケーションではなく治安維持活動へと向かうこととなり、秩序回復型のコミュニティ・ポリシングがもつ包摂・動員の特徴をみてとることができる。

二〇〇五年七月一九日のバリ・ポスト紙（*Bali Post*, Juli 19, 2005）によれば、BANKAMDESの権限が広範にコミュニティ政策に結びつき、成員は警察への情報提供者であるだけでなく村落のセキュリティを中心的に担うものと位置づけられ、闘鶏ギャンブルの取り締まりを含む捜査権（hak menggeledah）、交通整理の権限を有することとなった。このようにして始まったBANAKAMDESについて、バリ州地方警察本部長マデ・マンク・パスティカは、その設置をもって、地域社会がセキュリティに対して重要な意味を見いだしているということを示していると評した（*Bali Post*, Agustus 22, 2005）。

2．海浜観光地区への設置：自警団の包摂

さらに二〇〇五年八月二二日のバリ・ポストによれば、続けて、バリ島南西部の海浜観光地区へのBANKAMDESの設置が開始された（*Bali Post*, Agustus 22, 2005）。はじめに、爆弾テロのあったクタの北に位置するレギャン地区に、五〇人の成員を設置する予定があること、それは社会活性化委員会（ＬＰＭ）、町（クルラハン）、慣習村それぞれの長の調整下に置かれること、成員は、これまでハンシップ、リンマス、プチャラン、ガードマンといったところで経験をつんできた人々であることがあげられている。ここでは最初のBANKAMDESと異なり、既存のいくつかの組織をまとめあげてBANKAMDESとする新たな組織化の方法がみられる。

BANKAMDES創始者である当時のデンパサール都市警察本部長デワ・マデ・パルサナによれば[12]、中央集権体制崩壊

以後、クタをはじめとした海浜観光地域では、バーやナイト・クラブといった店舗においてプレマンがガードマンの役割をすることが増えたという。そうしたプレマンは、他の店舗で雇われていたガードマンと喧嘩し、追い払うことによってその場所を縄張りとし、ガードマンとしての雇用を拡大した。そのため、既存のガードマンをBANKAMDESとして任命しコントロールする必要があった。ハンシップについては、すでにその役割はリンマスへと引き継がれたものの、公式の規定を持たないまま村落レベルで組織されている場合があり、コントロールの対象と目された。さらに、慣習村や行政村を基盤とする組織、加えて、観光関連産業のオーナーらによる発案・出資による組織なども存在し、それらの把握も必要とされた。すなわち、ここでBANKAMDESは、各種組織の把握と統御という役割をもたされることとなった。

八月二二日には予定通りレギャン地区のBANKAMDESのための訓練と講習がはじまり、二四日に最終日をむかえ、計五二名が新たに成員として登録された（*Bali Post*, Agustus 23, 24, 2005）。同記事では、バドゥン県知事のイ・クトゥトゥ・スディクルタが、社会問題に対して地域のコミュニケーションや協働を活性化することが最重要の能力となるとコメントし、その重要性の認識を示した。同様に、クルラハン・レギャンの社会活性化委員会（ＬＰＭ）秘書であるイ・ニョマン・ルタ・アディは、プロジェクトの成功は、地域にすでに存在している組織のポテンシャルを活かすことで、地域独自の治安維持へとむかうことであるとし、その具体化としてBANKAMDESを評価した。

このように、BANKAMDESは、町（クルラハン）、慣習村、社会活性化委員会といった組織、種々のセキュリティ組織からの成員というように、より多様で広範な関わりをもった。それは、最初のBANKAMDESがひとつの地域の範囲からひとつの役割をもった専門組織として立ちあげられてきたことに対してみても、新たな試みであった。ここでは、最初のBANKAMDESとは異なる点として、地域に存在する各種のセキュリティ組織を一括して統御しようとする枠組みとして展開した様子を見て取る事ができよう。

クタをはじめとした南西部海浜観光地区では、BANKAMDES以後も独自の試みがみられた。例えば、観光関連企業により設立された自警団に対して、バリ・ガーデン・ホテルはビーグル犬を用いたパトロールの推進を提案していた(Bali Garden Hotel 2007)。その一方で、自警団の長が、当の観光企業に損害を与える観光関連犯罪組織から献金をうけ庇護を行っているという嫌疑がかかりもする。[13] そのような動きは、バリ島において最も観光客を集めカネの力が強く働く場所において、警察によって把握しきれないインフォーマルなネットワークが存在していることを示唆するものである。クタにおける「地域」もまた、爆弾テロ以降、伝統のサンクションを強化する方向性において見いだされているという点で、サヌールとは異なる独自の文脈をもつ。[14]

もっとも、それらの問題は後年に改めて生じてきたものであり、BANKAMDESの初動はなお勢いを増すものであった。二〇〇五年一〇月一日にはその直中にあるクタとジンバランで爆弾テロが発生した。しかし、このことでBANKAMDESが失速することはなく、むしろいっそうの強化が図られることとなった(*Bali Post*, November 3, 2005)。[15] クルラハン・ジンバランはBANKAMDES成員として四八人を集め、金属探知機や車体検査用のミラーの配布と、監視カメラ設置の計画を盛り込んだ。こうして、プロジェクトはいっそうの広がりを見せた。

3．BANKAMDESの失速

二〇〇五年夏期からの勢いにもかかわらず、その最初の失速は二〇〇六年三月一日のバリ・ポスト紙の見出しに現れた。それは、「瀕死の危機に面したBANKAMDES」(*Bali Post*, Maret 1, 2006)というものであった。同記事によれば、BANKAMDESの設置開始から幾分時間がたち、改めて見直してみると、その過程はそれほど順調ではなかったのではないかという疑問が呈されたという。それというのも、二月二八日に行われたバドゥン県議会（ＤＰＲＤ）の近隣部門委員会と地域保護委員会（Kesbanglinmas）の会議にて次のことが明確となったからである。すなわち、BANKAMDESの資金調達先が確定されていないため予算措置もなく、組織化の手段や組織の役割についての規定も不明確であるということであった。

その結果、BANKAMDESは「停滞（stagnan）」しており、「その活動はほとんど聞かれることがない」というのである。BANKAMDESを動員して何か活動をしようとした場合、結局は村落がその責任を負うこととなっており、過剰な負担が生じているという。そのため、同様に村落の責任となるのであれば、ハンシップや市民抵抗団（Wanra）、住民保安隊（Kamra）といった、中央集権体制以来、機能してきた既存の制度や組織を利用したほうが効率がよいという意見さえ聞かれた。また、BANKAMDESを指して「センセーションを求めて新たな組織を作ってはならない」と断言されるほどであった。

第５節　むすび

本章では、デンパサール都市警察によるBANKAMDESというコミュニティ・ポリシングの試みについて、その出発からサヌールのティムススへの適用の直前まで、その展開の特徴について論じてきた。デンパサール都市警察は、村落以下の地域次元において組織だった警察機構が存在しないことをあげ、そこにBANKAMDESを設置し、同時に、地域に存在する様々な自警団を包摂することで首尾一貫した組織構造を構築しようとしてきた。そのため、バリ島のコミュニティ・ポリシングの初動期におけるBANKAMDESは、多様性や地域社会の自治的側面の強調というよりも、官僚制的警察機構の貫徹とポリシングの合理化のために用いられるような形式が強いといえよう。
その第一の具体例として、インナーシティにおける試みは、治安回復のための活動を梃として地域社会に凝集を促し、警察が用意した枠組みに適合的なコミュニティへと至る経路を設定することを可能とした。第二の例として南西部海浜観光地区における試みは、様々な治安維持組織を包摂しようとする特徴をもつものであった。もっとも、世界有数の観光地区クタにおいて、カネと治安維持活動を巡るインフォーマルな関係性の把握までには至っていなかった。さらに、これらBANKAMDESの試みは、一年足らずのうちに既存の治安維持組織の把握においてさえ困難を来たしはじめた。次章では、BANKAMDESの失速に対する起死回生の策として、サヌールのティムススをBANKAMDESに指定するという第三の方法による展開とその影響について論じ、地域セキュリティの弾力性とシステム変容の閾値を明らかにしたい。

【注】

（1）ここでは、警察と住民のパートナーシップや協調が繰り返し謳われつつ、自発的な（swakarsa）安全対策としてジョゴ・ボヨ（jogo boyo）、プチャラン等が自発的治安維持システム（Siskamswakarsa）としてあげられ、ポルマス（Polmas）はゴトン・ロヨン（相互扶助）のように地域社会生活に重きをおくインドネシアにふさわしいこと、従来の法執行型の活動ではなく社会のより様々な分野における問題解決と犯罪防止を重視すること等が確認されている。そこからさらに細かい分類がなされ、ポルマス適応の三モデルとして、社会的制度と伝統的要素にもとづくもので夜警組織やプチャラン等「Model A」、コミュニティの向上に関する警察要素の強化に関するもので、ホットラインによる相互連絡、各種パトロール、kamtibmasへの教育や協働等「Model B」、諸外国のコミュニティ・ポリシングから発展できるもので二〇〇五年の通達で規定された成員、日本の交番、米国のNeighborhood Watch等「Model C」と区分される。さらに活動においては、スポーツ、芸術・文化的イベント、学術会議やその他会議等もあげられ、そこでの警察との協働の必要性が謳われている。ポルマス成員の分類としては、ポルマスのプログラム構築・マネージメントを行う者、ポルマスの制御を行う者、ポルマスの実働隊員に類型化される。これに加え、担当警察官の心得、関係者それぞれから見た評価のポイント、活動の手順などが網羅されており、バリ島をはじめ各地で行われたコミュニティ・ポリシングの事例を包摂する内容となっている。バリ島の伝統的警備隊であるプチャランが挙げられている点でも、国家的指針においてプチャランは無視できない要素となっていることがわかる。

（2）デンパサール市はバリ州の州都であり、県と同等の第二級地方自治体を成す。デンパサール都市警察（Polisi Kota Besar：Poltabes）の管区としてはデンパサール市のみならず、クタ等の世界的観光地域が位置するバドゥン県も含まれる。

（3）『地域安全の警備における市民の役割の実現としてのBankamdesの設置』（以下、「規定集」）（Kepolisian Negara Republik Indonesia Daerah Bali Kota Besar Denpasar 2006a）。

（4）警察をはじめ、BANKAMDESの成員に配布されたハンドブックである『BANKAMDESの手引き』（以下、「ハンドブック」）（Kepolisian Negara Republik Indonesia Daerah Bali Kota Besar Denpasar 2006b）。

（5）この部分は、インドネシアにおけるコミュニティ・ポリシングについてのKepolisian Negara Republik Indonesia（2005a）による規定と同様のものであり、その影響をみることができる。

（6）BANKAMDES設置までの日程、活動内容についてはKordinator BANKAMDES（2005）、Kepolisian Kota Besar Denpasar Sektor Denpasar Timur（2005）を参照。

（7）なお、一一項目中の「回数不明」の回答割合は、最も低い項目で「祝祭年回数」の一・七％、最も高いもので「行政活動」の一六・九％、全体の平均は六・三％である。

（8）任命文書のなかには「一貫したバリ（Bali yang Ajeg）」の構築という目的が掲げられており、第2章において論じたバリ島ナショナリズムとの関わりをみることができる（Kepolisian Negara Republik Indonesia 2005b）。

（9）両者とも二〇〇八年三月のインタビューより。

（10）デサの登録人口は一〇、〇〇〇人弱、そのうちイスラム教が三割を占める（Desa Dangin Puri Klod 2005）。部落長B氏によれば、麻薬売買の周辺地区ではイスラム教徒が五割を占めるという。

(11) BANKAMDES長A氏はサッカーのナショナル・リーグのレフリーの資格をもち、自身もデサのサッカーチームのコーチをしている。地域セキュリティについても、サッカーと同様に、多様な選手とポジションを生かして全体が動くという例えが聞かれた。

(12) 二〇〇六年三月、デンパサール都市警察本部でのインタビューより。

(13) 二〇〇八年二月二七日、筆者が自警団詰所にて確認した二〇〇七年四月一三日付けの資料（切り抜きのため出所は不明）によると、ツアーガイド業を営むWS（仮名）氏は、クタ地方政府に対して「RAJA BARU DI KUTA」（クタの新たな帝王）という文章を提出し、自警団長が七つの観光犯罪組織から最低でも七、〇〇〇万ルピアを集めていると記している。筆者は二〇〇七年一〇月、クタにおいて催された爆弾テロの慰霊祭において、警備の状況等について話を聞いてまわっていた際、周辺の自警団のリーダーであるとのことで紹介され、当該の自警団長と話す機会をもっていた。筆者の手元には、自警団長が慣習村長、警察関係者、プチャランらとともに並んだ写真がある。この後二〇〇八年二月、上述資料の入手前に、当該の自警団長に正式なインタビューを行うためにアポイントをとっていたが、インタビューの当日に自警団長に連絡がつかなくなった。当時、自警団長はある会社オフィスのガードマンをしていたためその会社に連絡をとったところ、そちらからも連絡がとれないとのことであった。後日、自警団長が犯罪組織から多額の賄賂を受け取っていた容疑で逮捕されたことを知り、切り抜きの資料と同一人物であったことが判明した。ここには、観光地クタの自警団が慣習村や警察と関係しながら、犯罪組織と金銭のやりとりをするといういわばプレマン（ギャング団）の特徴をも併せ持つ様子があらわれている。

(14) 筆者は近年、デンパサール市におけるゲーテッド・コミュニティ研究を遂行している（菱山二〇一二）。そのなかで、あるゲーテッド・コミュニティのリーダーは、クタ地区からデンパサール中心部のゲーテッド・コミュニティへと転居し、その理由として、クタ地区で高まる伝統のサンクションを離れ、生活スタイルにあわせて区画内を自由に開発できることをあげていた。

(15) 一〇月一三日、警察のハード面の強化だけでなく、約七〇〇人の「社会の安全と秩序を建設する下士官（bintara pembina keamanan dan ketertiban masyarakat：Babinkamtibmas）」の成員によるコミュニティ・ポリシングのセミナーが開催された。そこでは、見知らぬ人物に対応するために、コミュニティの情報が重要であることが強調された。コミュニティ・ポリシングの導入についてのＩＯＭからの提言もあり、バリ島においては爆弾テロによっていっそうセキュリティへの要求が高まる中で、第6章において見るように、地域の各種自警団をパンスワカルサ（Pamswakarsa）という自発的警備員に包摂するために、コミュニティ警察活動（Kepolisian Masyarakat）という全国規模のコミュニティ・ポリシングが進むこととなった。

第6章　ティムススの動員からサイバー・ヴィレッジへ

第1節　はじめに

前章において、BANKAMDESは第一にデンパサール市のインナーシティにおいて、第二に南西部海浜観光地区において実働が開始され、それぞれに特徴的な包摂の容態が明らかとなった。その後、一年足らずのうちに否定的評価をうけるようになったが、二〇〇六年三月一日にはクタ地区、三月六日にはサヌール地区へと展開がみられた（*Denpost*, Maret 2, 2006）。本章ではサヌール地区の事例に着目して、バリ島において始動したBANKAMDESというコミュニティ・ポリシングが地域社会および地域セキュリティ・システムに対してもった影響を明らかにしたい。

クタについては、バリ島でも有数の観光地であるとともに二度の爆弾テロの標的となった場所ということもあり、「世界レベルの観光目的地としてのクタにおける、安全の重要性についての知識」を成員に持たせるという意気込みをもったものであった。成員はクルラハン・クタの社会保護（リンマス）と民間防衛（ハンシップ）から総勢三一名となった。その構成は、前年にレギャン地区において行われた手法と同様に、既存の複数の治安維持組織をひとまとめにするというものであった。

二〇〇六年三月七日、前日に行われたサヌールでのBANKAMDES設置に関するバリ・ポスト紙の扱いは比較的小さく、これまでのように関係者のコメントが掲載されることもなかった（*Bali Post*, Maret 7, 2006）。とはいえ、それ以前、二〇〇五年九月二五日のバリ・ポストの記事を参照すると、警察はサヌールを特別な地域として訪問していたことがわかる。九月二四日、サヌール地区のインタラン慣習村の構成三寺院のひとつ、プラ・バレ・アグンにて会議がひらかれた（*Bali Post*, September 25, 2005）。会議には、当時のデンパサール都市警察本部長デワ・マデ・パルサナ、インタラン慣習村の村長ングラ・アルナワ（Ngurah Arnawa）が、それぞれ警察側と慣習村側の代表として出席し、さらにそれぞれの組織・社会の成員を従えての大規模なものとなった。

同記事によると、会議では、都市警察本部長デワ・マデ・パルサナが、ハンシップの影響力の相対的な弱体化以来、構造上、警察と協力して治安維持の仕事にあたる町・村落レベルの治安維持担当者が不在であるという問題を提起した。そのうえで、慣習村側に、治安維持は警察だけの役目ではなく地域社会もまたその責任をもっていること、BANKAMDESは犯罪防止に非常に効果的であるということを投げかけた。すなわち、BANKAMDESによって、「（警察）機関と社会との間に存在していると考えられている仕切り」を緩和し、社会参加を促進させることができるとされた。しかも成員は、既存のハンシップ、プチャラン、リンマスと兼任可能であり、警察とともに地域のセキュリティの最前線に立つものと期待された。こうしたデワ・マデ・パルサナによるBANKAMDESの評価にたいして、ングラ・アルナワは熱意をもって受け入れる態度を示した。

二〇〇六年三月六日、サヌール地区へのBANKAMDES設置と同時に、関連する決定及び成員の登録簿が作成された。これをもって、以前のBANKAMDES設立の手法とは別に、ティムススがまるごとBANKAMDESとして任命され、ひとつの自発的近隣住民組織のみを組み入れる最初のケースとなった。同様に、行政単位にではなく、バリ島の宗教と伝統にかかわる慣習村に話が持ち込まれている点、三つの村落からひとつのBANKAMDESの成員を成す点が特徴となった。

第2節　サヌール地区のBANKAMDES

このようにしてサヌールでの実働がはじまったBANKAMDESの特徴を詳細に明らかにするために、関連して作成された資料に着目したい。第一に、『地域安全の警備における市民の役割の実現としてのBankamdesの設置』という規定集であるが、これは、前章（第5章3節）にて、インドネシアのコミュニティ・ポリシングの特徴を明らかにするうえで用いた資料であるため、ここでは概要を再度確認するにとどめたい。第二に、『BANKAMDESの手引き』というハンドブック、第三に『サヌール開発財団（YPS）BANKAMDESの設置』というサヌールにおける決定及び成員の登録簿である。以下では、それぞれがどのような規定を盛り込んでいるのかを詳細に追うことで、警察によるBANKAMDESの新たな位置づけ、サヌールへの設置の意味を明確にしよう。

第一に、規定集（Kepolisian Negara Republik Indonesia Daerah Bali Kota Besar Denpasar, 2006a）では、町・村レベル以下の警察機構の空白があげられ、そこにBANKAMDESを設置することによって首尾一貫した警察組織を形成すること、問題の解決・連携・犯罪予防が重視され、地域社会は治安警備の対象ではなく主体として、警察のパートナーとして協働する存在であること、他の自発的治安警備の諸要素（プチャラン、ガードマン、シスカムリン）と協力することが謳われている。ここでは、協働をとおして地域社会にまで影響力を及ぼそうとする警察の思惑をみてとることができる。この規定がどのように具体化されているのかについては、BANKAMDESの成員に配布されるハンドブック『BANKAMDESの手引き』（以下、「ハンドブック」）（Kepolisian Negara Republik Indonesia Daerah Bali Kota Besar Denpasar, 2006b）を参照したい。

1．ハンドブックからみる特徴

規定集が警察による組織の大枠を決定するものであるのに対して、このハンドブックは地域の成員の行動を規定するものとなり、いっそう具体的に、服装やメンバーシップ、義務や役割などが手短にまとめられている。導入部分では、治安は社会の本質的ニーズであること、社会の流動性と危険の発生に対して公共の性質をもつ治安による助成が必要であるとする点で規定集を踏襲している。それに加え、設置は、村落／町がいっそう安全になるために「自発的に設置」されるものであるという。さらに、基礎として五つの項目（ａからｅ）があげられており、ａ、ｂ、ｃは上述規定集と同様であるものの、ｄはコミュニティ・ポリシングがインドネシア共和国警察の支柱に据えられた二〇〇五年一〇月一三日通達（Kepolisian Negara Republic Indonesia 2005a）、ｅはコミュニティ・ポリシングについての初めてのプレゼンテーションとして二〇〇五年七月七日のバリ州警察の通達が参照される。これらをみると、規定集に比べ「自発性「や「共同性」が前面に出されている。

さらに、そうした「自発的治安維持（Pengamanan swakarsa）」は「地元社会のイニシアティブ（prakarsa masyarakat setempat）」の上に設置されるとされ、BANKAMDESに意図されていることとして、村落／町／慣習村落の治安のひとつの形態であり、設置母体として、改めて「慣習村」の名前も挙げられている。ハンドブックにおけるBANKAMDESの任務については、その実施が村落長／町長に責任をもつこと、警察の調整の下に他の自発的治安警備の諸要素（プチャラン、ガードマン、シスカムリン）と協力することに加え、地域社会の治安の状況や障害についての情報をインドネシア国家警察に報告する義務をもつという。

以上のように、ハンドブックでは、成員向けに「自発性」が謳われていること、設置は同様に町／村レベルであり実施の責任も同レベルの長にあること、慣習村も含むこと、基礎的な文言として「コミュニティ・ポリシング」の言葉がいっそう前面に押し出されていることが特徴である。さらに、地域の各種セキュリティ組織と協力し、情報は国家警察に報告する義務が謳われていることから、自発性が明示されながらも、より端的に各種組織や慣習村の範囲までも再掌握していこうとする警察の意図があらわれている。

2．サヌール地区における決定と登録

第三に参照するのは、『サヌール開発財団（ＹＰＳ）BANKAMDESの設置（Pembentukan Bantuan Keamanan Desa Yayasan Pembangunan Sanur）』という、サヌール地域に適応された決定及び成員の登録簿である（Kepolisian Negara Republik Indonesia Daerah Bali Kota Besar Denpasar, 2006c）。この資料における地域の状況認識や対策には、本書第4章にて論じたサヌールやティムススの状況とは異なる評価をみてとることができる。

まず設置の前提として、規定書における一般社会状況についての認識と同じく、サヌール社会に対しても不完全な治安と秩序の状態、流動性の高まりによる社会的危機などを理由に「直ちに予防的措置をとる必要がある」とされる。こうした社会状況について、筆者の観点からすると、バリ島の一部海浜観光地域、クタ等に当てはまるとはいえサヌールに対する分析としては必ずしも適合しない。というのも、すでに本書第4章において明らかにしてきたように、この決定の五年以上前からティムススの働きによって地域セキュリティへの取組がみられ、一定の成功を結実してきたからである。

同資料の続く事項には、サヌールのBANKAMDESをもって、コミュニティ・ポリシングの活動の「試験的なプロジェクト（Pilot Projek）」として実施するとある。こうして、「予防的措置が急務である」ことに即し、これまでの各種

地域セキュリティ組織の統御とは別に、ティムススがまるごと「試験的」にBANKAMDESとして指定されることとなった。ここにはすでに村落／町といった区別はない。伝統的警護組織（プチャラン）でもなく社会保護（リンマス）／民間防衛（ハンシップ）でもなく、それら複数の包摂でもない、ひとつの自発的近隣住民組織を組み入れるということではこれが最初のケースとなった。

以上の三つの資料を再確認すれば、規定集では、村落以下の警察機構の空白に生じた種々の自警団を掌握し、首尾一貫した警察のシステムによってその空白を埋めることで、住民との協力が可能となるとされた。ハンドブックでは、そうした企画に「自発性」が求められた。サヌールへの適応では、治安の悪化という一般的な傾向をそのままサヌール地区に反映し、既存の近隣住民組織や独自の地域セキュリティ組織をBANKAMDESとして任命していた。次の節においては、こうした新たな動きのなかでティムススにどのような変化が生じたのかを明らかにしたい。

第3節　地域セキュリティの転換点

1．制度化・専門化の浸透

二〇〇六年三月六日、ティムススがBANKAMDESとなったことで、その成員は二九人から三三人に、二〇〇六年八月にさらに四人(1)が増員され三七人となった。三月六日以降では、一〇人がBANKAMDES常勤職となり、サヌール開発財団（YPS）の長と副長、秘書、会計、治安維持部門長ら役員も成員として登録された（Kepolisian Negara Republik Indonesia Daerah Bali Kota Besar Denpasar 2006c）。

この常勤職を三チームに分け、それぞれのチームにおいて午前勤（朝七時から夜七時）・午後勤（夜七時から朝七時）・休日という三日サイクルでの勤務を導入した。常勤メンバーの勤務時間はタイムカードによって管理されるようになった。パトロールにあたるメンバーは隊長一人、運転手一人、成員五人からなる。実際にはここに適宜、ＹＰＳの治安維持部門長が入るとともに、他の職との兼任メンバーが配置されてひとつの小隊を成す。メンバーが常駐する詰め所はサヌール内に三カ所あり、各箇所に一人から三人の配置となる。給与に関していえば、以前は地域社会から集められた資金から兼任職において勤務時間ごとに一万ルピアが支給されていたが、BANKAMDESへの登録以後、常勤職は一月に五六万ルピアの給与が支払われることとなった。チーム内の役割も明確化された。監督者としてサヌール開発財団（ＹＰＳ）長をおき、責任者はＹＰＳの治安維持部門（Biro HANKAMDES）とされた。チーム治安維持部門の長は、特別チーム隊長として実働隊員を束ね、その補佐に管理事務職がおかれた（図６―１）。

メンバーシップをみると、BANKAMDES適用以降の新規成員はすべて常勤とし、残る兼任メンバーも徐々に常勤へと転任された。加入には警察からの研修と許可の必要、年齢は三五歳以下、中学校卒業以上といった制限が加わった。表６―１は、ティムススの成員の推移を、職業と年齢に限り示したものである。二〇〇一年、設立当初は様々な職業の成員が存在した。BANKAMDES任命直前の二〇〇六年には、その何人かがホテル等のガードマンの職を得ていた。二〇〇七年には多くの成員がBANKAMDESの正規メンバーとして参加するようになり、年齢層もさらに若い世代が中心となった。当初、成員の六〇％以上が兼業職の四〇代・五〇代に占められていたところ、二〇〇七年には常勤職となる二〇代・三〇代が六〇％以上を占めることとなった。BANKAMDES以前には観光業との兼業体制やガードマンへの推薦によって中高年の再雇用を可能とする役割がみられたが、以後はそうした特徴が失われていくこととなった。

もっとも、こうしたメンバーシップや詳細な規定については、必ずしも警察の独断により進められたわけではない。

図6-1　BANKAMDESにおけるTimSus PKSの組織構成

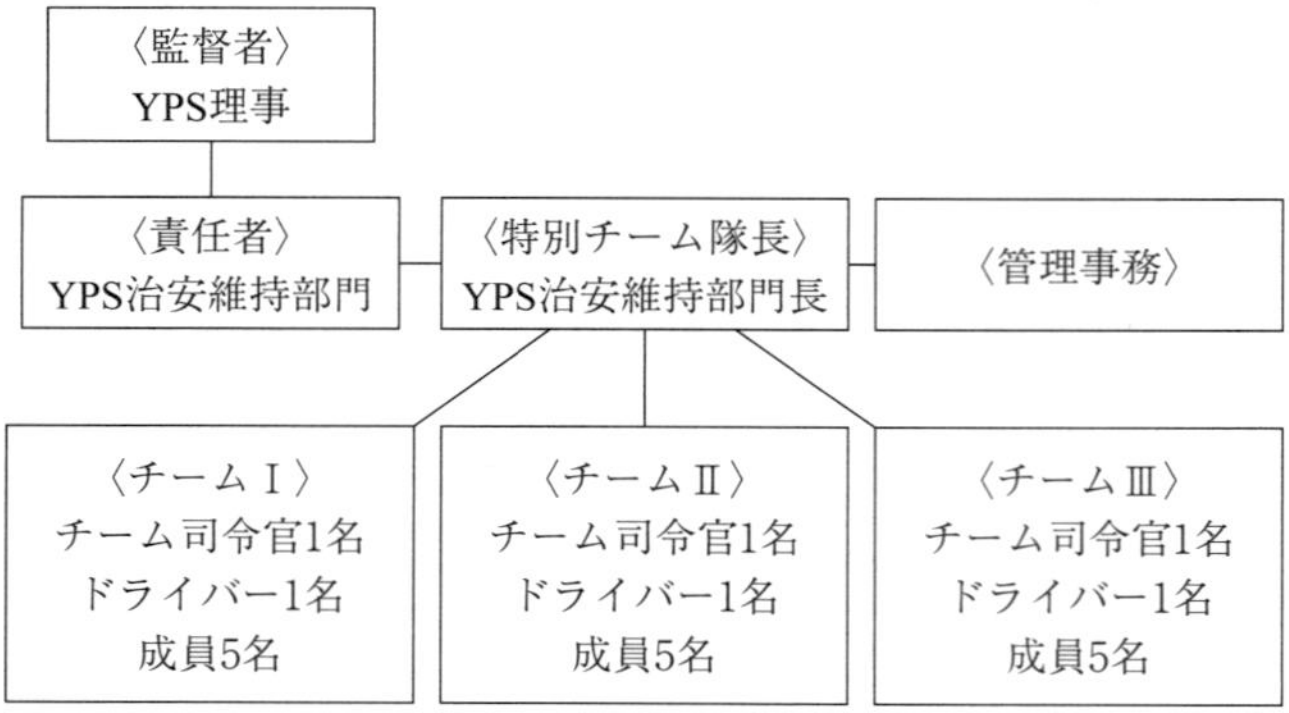

出典：Yayasan Pembangunan Sanur（2006a）

それは、ティムススの母体であるサヌール開発財団ＹＰＳと警察との合議により決定されたものである。[2] このことはすなわち、BANKAMDESを契機として、サヌールの地域社会がよりフォーマルで制御しやすい組織を望み、その基盤として、観光収入で得られた資金を充当するための蓄積が可能となったということでもある。換言すれば、地域セキュリティ組織の駆動因は、ボランタリーな精神や多元的要素ではなく、市場原理と官僚制的な機構編成に席を譲ることとなったといえよう。

2．隊員からみたティムススの転換

ここでは、BANKAMDES登録以降に編成された三つの隊の指令隊長に行ったインタビューから、サヌール安全パトロール特別チーム（ティムスＳＰＫＳ）の変化と、BANKAMDESに対する成員の意味づけを把握しよう。[3]

(1) サブチームⅠ隊長K氏の事例

K氏は一九六五年、「サヌール人」のなかに生まれた。両親も祖父母もサヌール出身だという。小学校もサヌールであったが、親の仕事の関係から、中学校は叔父が警察をしているという中部ジャワに進学した。

表6-1　BANKAMDES（TimSus PKS）のメンバーの推移

2001年3月

職業	年齢
ドライバー	50
ドライバー	42
ドライバー	30
ドライバー	50
技術	25
農業	50
ガードマン	44
ガードマン	30
従業員	43
ガードマン	40
従業員	20
自営	42
自営	22
自営	50
自営	48
自営	40
自営	50
自営	25
学生	19
学生	19
観光用イカダ漕手	40
観光用イカダ漕手	47
観光用イカダ漕手	55
観光ガイド	40

2006年3月

職業	年齢
大工	45
ドライバー	26
ドライバー	30
ドライバー	36
ドライバー	45
ドライバー	50
ドライバー	58
従業員	27
従業員	40
従業員	45
従業員	56
ガードマン	22
ガードマン	24
ガードマン	25
ガードマン	27
ガードマン	28
ガードマン	32
ガードマン	32
ガードマン	35
ガードマン	39
ガードマン	39
ガードマン	42
ガードマン	44
ガードマン	45
ガードマン	55
プロスポーツ選手	23
自営	40
村営事業従業員	36
村営事業従業員	37

2007年10月

職業	年齢
大工	46
ドライバー	46
ドライバー	59
従業員	45
従業員	48
正規メンバー	22
正規メンバー	22
正規メンバー	26
正規メンバー	29
正規メンバー	29
正規メンバー	29
正規メンバー	30
正規メンバー	33
正規メンバー	33
正規メンバー	33
正規メンバー	34
正規メンバー	34
正規メンバー	35
正規メンバー	37
正規メンバー	38
正規メンバー	38
正規メンバー	38
正規メンバー	39
正規メンバー	42
ガードマン	29
ガードマン	33
ガードマン	35
ガードマン	40
ガードマン	40
ガードマン	55
観光用イカダ漕手	55
観光用イカダ漕手	59

出典：筆者によるインタビュー

そこで日々、叔父から警察や犯罪のことについて聞かされ、警察への興味を育んだ。高校ではバリに戻り、デンパサールの学校へと進学した。

その後短大を出て、一九八八年、友人の紹介からサヌール海岸のガードマンとなる。一年後、新たな経験を求めてヌサ・ドゥア地域のホテルのバーテンダーとなる。その後一年ずつ、サヌールのホテルの受付業、車を購入し運転とガイド業、車をもう一台購入しレンタカー業、三台目の車を購入しサヌールにて二つのオフィスを構えるというように、積極的に観光関係の職種や事業と関わってきた。

レンタカー業が軌道に乗ろうという一九九七年、アジア経済危機の影響から車を全て売り払うこととなった。二〇〇〇年になり資金の目処がどうにかつき、サヌールにカフェを開く。しかし二〇〇二年、クタの爆弾テロにより観光客が減り、店を閉めることとなった。その後二〇〇四年、ティムススに入隊する。

父親は小学校の先生、母親はお供え物を売る商売、兄は東部ジャワの学校を卒業後日本で勉強し、現在はホテル勤務というように、観光との関わりはK氏とその兄の世代からである。K氏には二人の子供がおり、将来は警察官になって欲しいと思っているそうだ。

K氏自身がティムススに入ったきっかけは、失業して働き口が見つからないでいたときに、親戚である前サヌール開発財団（YPS）長から勧められてのことだった。また、サヌールでの商売を経てきたこともあり、地域には友人や知人が多い。そのため、何か事件や問題があったときには解決しやすいのではないかと考えた。叔父が警察だったことも影響した。昔は警察官になろうと思ったこともあり、現在では、バリで観光関連の仕事をしていたことに少し後悔もある。

入隊直後は治安部門長のS氏に様々なことを教わった。しかし、多くのことはすでに叔父から聞いて知っていることだった。警察の組織についての知識も持っていた。とはいえ、現場での対応や人の動かし方についてはS氏に学ぶことが多かった。やはり、S氏がいなければ自分のリーダーとしての能力は限界があっただろうし、チームも成功することはなかっただろうという。

デサ安全助成プロジェクト（BANKAMDES）以降、成員は時間を守るようになったし時間を決めて行動できるようになったが、タイムカードが導入されたことで忙しくもなった。個人的には前の自由なときのほうがよいが、チーム全体としては今のほうがよい。メンバーも増え、タイムカードがないと来ない人がいるかもしれない。学歴や世代の違いも出てきた。その点で、コミュニケーションが難しいこともある。BANKAMDESでは警察からの研修があり、人権などの基本的権利について学ぶこともするが、その理解や重要さについての重きの置き方も異なるだろう。

ティムススとしての役割は大きくわけると二つある。祭礼があるときはプチャランとなる。その際、活動は交通だけの監督であり、あまり勉強は必要ないため、実際に村落や部落から認定されていなくてもプチャランの役割をすることは可能である。もちろん、サヌール人でみな知り合いなのでその役割をこなすことができるという面もある。祭礼があればもちろんプチャランは警察よりも尊敬される。しかし、犯罪があった場合は警察が一番重要であることにはかわりない。

その点で、K氏は「ティムススが警察よりも優れているということはないかもしれない」と位置づける。チームと警察のお互いの協力はあるが、かたちとしては警察の仕事をチームが引き受けており、「警察の右手」「限定的な警察」になっているのではないかと評する。さらにK氏にしてみれば、いっそう警察に近い組織となってくれるほうが良いし、国から銃をもらうくらいになって欲しいとさえ考えているという。

しかし、そこで筆者が「では二つの役割は必要ないですね」と聞くと、「でも、アダットの仕事もやはり重要」であると返答があった。祭礼に両者が居合わせたとして、警察は車の侵入を止めることはできても寺院に入ることはできない。そこから、「ティムススの良いところは両方できることかもしれない」と考え直す。「でも、半分半分だから良くないともいえるかな」と留保し、再び「しかしだからこそコーディネーションもできるのだけど」と、K氏自身のなかでも評価に揺れがあるようであった。

最後に、ティムススになるために重要なことは何かについて聞いた。そこでは、「規律が重要」であるとの答えがあった。規律が守られず、メンバーが悪いことをした場合、村落（デサ）はそのことをすぐに知るようになる。規律を守り、村落の成員に対応していくことが重要であり、村落の尊敬を集めることが必要である。

ここで、K氏によるティムススの位置づけの特徴について考察したい。K氏は以下にみる古参の二人と異なり、二〇〇〇年の制御活動以降、比較的近年（二〇〇四）にティムススに加わっている。しかし、いくつかの職業を経てきた経験と、地域とのつながり、叔父から伝授された警察や警備についての豊富な知識により隊長に抜擢されたといえる。それゆえに、K氏は、警察との近さや、いかに警察の仕事をうまくこなせるのかという観点からティムススを評価している。警察になりきれないという点からはティムススのもつ固有の価値さえ薄まることとなる。同様に、プチャランとしての役割についての評価を形式的なものに押しとどめている。しかし、BANKAMDES以降、いっそう警察に近い立場から見ることで、成文化された規則にたいする隊員達の態度に目を配り、そこに学歴や世代の違いを見据えることも可能としている。

また、その知識や経験を奢ることなく、治安維持部門長S氏の現場での能力を評価し、K氏はコーディネーションの必要や重要性を学んだ。自分がサヌールという地域に根ざしているからこそセキュリティの仕事を志したということも忘れてはならないものである。そうしたことは、特定の役割に特化するものでないティムススの機能について、再帰的な解釈を可能としている。

(2) サブチームⅡ隊長M氏の事例

M氏は一九七四年サヌールにて、七人兄弟の六番目として生まれた。小中学校をサヌールで過ごし、サヌールから程近いデンパサール市の高校へと進学した。卒業後、家具製造会社、カフェのバーテンダーを経て、二六歳、部落(バンジャール)の夜警組織(シスカムリン)に属していたM氏は、プチャランに属していた兄とともにティムススに入隊することとなった。その六ヶ月後、とある商店街でガードマンを募集しているということで、ティムススの推薦によってチームとガードマンを兼職することとなった。BANKAMDES以降、兼職をやめ、常勤として勤務、隊長に抜擢されることとなった。

ティムスス入隊のきっかけは、現在、ティムススに在籍している兄の影響が大きいようである。高校卒業後の進路や仕事の紹介、ティムススへの奉仕の誘いなど、兄はM氏に多くの提案をした。同時に、他の仕事はスケジュールが大変であるが、ティムススでは顔見知りの友人やメンバーと協力し、時間を入れ替える自由があるという。ティムススの発足当初はいつ来ても良いというほど自由だった。しかし、全体として人が少ないということはなく、詰め所には多くの人が集まっていた。当初はパトロール車もなかったが、皆任務に熱心で、食事を採ることを忘れてしまうほど仕事に没頭した。その当時はあまりに多くの行商や手押し屋台が無秩序に商売をしていたので、それらの注意、移動、さらに犯罪のパトロールなどに対応することで時間が足りなかったという。

BANKAMDES以降、設備もメンバーも増えて全体としては良くなっているという。かつては、二チームに分けられていたものの時間も構成も自由であるという状態から、成員と受け持ち時間を決めた三チーム編成へと変わり、リーダーとして、先輩として、治安についてよくわからない後輩の指導や、場所の受け持ちの配分をする。メンバーどうしはどんなことでもお互いに連絡させるようにする。メンバーに何か違反があったときは、治安維持部門長にすぐに知らせるのではなく、リーダーとして注意し、収めることも必要である。違反とは、傲慢な様子や適切な配置についていなかったりという状態を指す。今までは誰しも手探りだったが、入隊から五年間で自分のなかに蓄積ができた。それを伝えることができる環境だと評価する。

それらの場合を含め、治安維持部門長の判断によりサヌール開発財団（ＹＰＳ）本部からの評価をうける場合もあるが、最終的には自分たちはサヌール社会の評価をうける立場にある。例えば、メンバーが悪いことをすると部落（バンジャール）の住民がチームのメンバーやＹＰＳに直接報告する。そこから注意をうける。自分たちが悪いことをすると社会からの評価が悪くなる。そのことは最もあってはならないことである。自分たちはサヌール社会にこそ基づいていなければならないからである。そうすれば、社会との協力がさらに可能となる。将来のティムススの成功も、社会に評価されるということが成功であるといえる。

警察との関係で変わったことといえば、警察が身近になったということがあげられる。協力することも増えたし、時々、本部に警察が来て相談していくこともある。これからは軍人と協力することもあるかもしれない。とはいえ、警察や軍人から命令されるということはない。「何かあったら知らせてください」と言われるくらいである。具体的には、交通事故があれば状況を記録して警察に連絡する。もしテロに関係しそうな怪しい人がいたら軍人にも連絡してくれというが、それほど気にするようなことではないし、警察に連絡だけすれば十分である。しかし、セキュリティに関していえば、たいていの場合、ティムススが現場にいれば警察の配備はないこともある。むしろ、ティムススの立場から言えば警察には関わらせたくはないというところがある。なぜなら、BANKAMDESは警察のものでしかなく、ティムススはサヌール社会のものであるため、その姿や影響力を消してしまってはならない。

BANKAMDES以降、ティムススに入るためには体格が良い、能力があるというだけでなく、最終学歴の証明、研修の証明、ＳＫＫＢ（Surat Keterangan Kelakuan Baik：警察発行の無犯罪証明書）など、いくつかの資格が必要になってきた。しかし、そのような外面的な資格よりも、いろいろな経験のほうが重要だと思う。現在、常勤職には新しく若い人が次々と入ってきている。そのことで、たまに、昔からいた兼任の人たちと意見が合わないなど、うまくいかないこともある。例えば、ティムススの本部詰め所には地域住民からの様々な差し入れがある。そうしたなか、現金での謝礼や差し入れがあった場合の対応について、それを戻すか戻さないか、どのようなかたちで受け取るのが良いのかという点である。また、コミュニケーションをうまく図ることができないということもある。メンバーがたくさんいる場合、ずっとひとりでいる人、特定の人としか話さない人などもいる。先輩とよく話すことが重要である。しかし、先輩からのアドバイスを断るような人はいない。警察のアドバイスよりも先輩のアドバイスのほうが重要視されているし、尊敬もされている。BANKAMDESの後でも、そうしたチームのコミュニケーションが大切である。

ここでＭ氏の特徴について考察したい。Ｍ氏は設立当初からティムススに関わり、現在の常勤職のなかでは、設立時のティムススを知る数少ない人物のひとりである。二六歳という比較的若い年齢での採用と、当初の混乱のなか、地域を良くしようとする一心でまさに「奉仕」をしてきた自分の成長は、ティムススの成長と歩を一にしている。

自由なときにはそのなかで自らの活動に邁進し、BANAKMDES以降は、その制度を利用して培ってきたノウハウの伝達やコミュニケーションを図っている。自分たちがこれまで行い成功させてきた活動に自信を持ち、警察にたいしては一定の距離をおく。また、それを可能にしているのは、自分たちが生活し、基づいてきた地域社会、バンジャールに常に開かれているという視点の置き方である。それは、発足当時から取り組んできた具体的な活動目標を達成し、新たな段階へと組織がさしかかろうというときの正統性の指針となる。同時に、そうした指針は、組織の内的な規制にも貢献する。そのような地域と組織の相互連関があるからこそ、地域のセキュリティはチームが担うべきであり、警察のものであるBANKAMIDESに対しては、必ずしも地域や組織があわせていく必要はないのである。

他方で、組織内においても様々な点での制度化が進み、より合理的な編成が目指され規模が拡大し、世代や各種証明など、組織編成の分水嶺があらわになってもいる。しかし、そうしたなかでも同様に、地域とのつながりとそれを組織内に再生産させるコミュニケーションの重要性が意識されている。

(3) サブチームⅢ隊長S氏の事例

S氏は一九六〇年生まれということもあってティムススのなかでも比較的年上となる。兄弟のなかにはガードマンになっている者が多く、地域のガードマンとなった者が二人、旧サヌール地域治安調整組織（BK3S）に一人の兄弟がいる。ガードマンは「実入りの良い観光業」のなかでも比較的就きやすい職業だという。S氏自身もまた、学歴に関係なく、これまで農業との兼業というかたちでガードマンの職についてきた。

S氏はサヌールの小中学校に通いつつ、小学校六年生のときには両親の稲作の手伝いをしていた。両親は貧乏でお金が無かったため、S氏は高校を中退することとなった。後、稲作の手伝いをしながら、一九八三年からは大工として働く。そのときから二〇〇四年まで、民間防衛（ハンシップ）として地域のセキュリティに関わり続けている。一九八六年からはレストランのガードマンに転職し、翌年結婚するが、一九九〇年にレストランが倒産してしまい解雇となった。一九九二年からサヌール開発財団（YPS）が経営するサヌール奉仕株式会社のガードマンとなり、一九九八年からはプチャランの役職にもついた。二〇〇〇年までは農業にも同時に携わっていたが、その後は農業から離れ、二〇〇三年には飼っていた全六頭の牛を売却し、家族の多くは観光業で生計を立てるようになった。

ティムススに参加した理由は、第一には社会に奉仕したかった。その当時は時々、バンジャールのメンバーから、給料ももらえないのに何故奉仕をするのかと疑問を投げかけられた。そのときは「では、誰が治安を護るのか。私がやらないとサヌールはどうなるのか」と聞き返したという。S氏は非常に世話好きであり、日常的に、事故に遭ったり怪我をした子供の面倒をみていた。また、その子供の両親が貧乏な場合は、子供が元気になるまで預かったり、子供に身よりのない場合は引取り先の面倒までみたほどである。

二〇〇〇年の一斉制御活動のときにはプチャランとして参加し、同じプチャランの役を担っていた現在の治安部門隊長S氏ともしばしば話をすることがあった。もちろん、後には、他の仕事に比べればスケジュールが楽だったり、就職難のなかで比較的安定して収入があることなどもティムススへの参与を後押しした。

BANKAMDES以降、警察との関わりができて、隊員の様子はいっそう丁寧になっているという。昔は、悪い人や泥棒などをすぐに殴りつける隊員もいたし、パトロールをしていたり警備をしているときの心持ちは傲慢だったり頑固だったりすることもあった。しかし、警察からの基本的権利についての教育があったし、警察と近くなったことで、対応が変わってきた。警察とはいつも協力し、大きな祭のときなどはティムススが警察にお願いし、特定の任務についてもらうこともある。また、警察がプチャランに特定の地区や特定の方法による交通整理のお願いをすることもある。そのような意味で、地域セキュリティについてのお互いの区別は少なくなり、コーディネーションがとりやすくなった。

しかし、小さな祭において、ティムススが参加する場合に、今度はプチャランが配置されないということも見られるという。すべてを誰かにまかせてしまうのは良くない。地域に様々な人が参加するほうがよい。もちろん、慣習

（アダット）がみえることは重要であり、これらからも参加することと関わりをもつことが重要である。

以上のように、S氏は子供の頃から農業に関わり、伝統的なバリ人の生活の一端に触れつつも、地域への奉仕という観点と、観光地での収入という二点があわさるところに、ガードマンという職業を選び取ってきた。それは、自らの職業だけでなく、行政村の民間防衛（ハンシップ）、後には慣習村のプチャランへという、行政的・慣習的セキュリティ組織双方への参加というかたちでも現れている。このようにして、地域への奉仕、職業生活、行政村と慣習村という枠組みの両者、それらを活かすことができる総体として、現在のティムススへの常勤職としての参加が現れている。

S氏にとってみれば、BANKAMDESは、警察とティムスス、警察と地域とが、その区別にこだわらずにより身近になるためのものであり、時にみられたティムスス成員の傲慢さを諌める機会となるものだった。地域制御に関してはお互いに就くべきところに就く、それを何らかの組織が単独で担ってそのことで傲慢になるのではなく、誰しもが関わり地域に奉仕する、そうした協働を可能にする機会となっているということである。ゆえに、地域の祭礼のセキュリティにティムススが参加するからといって、地域でプチャランを出さないということがあってはならないのである。

3. 三人の特徴からみるサヌール安全パトロール特別チーム（ティムススPKS）

以上、三人の特徴を比較すると以下のようにまとめることができる。K氏はティムススに関わるうえで、警察に関する自らの知識と、職業生活の変遷からみた地域への関わりを支点としている。そうしたなか、BANKAMDESによる警察への接近から、警察との関わりという観点がより大きなものとなってきた。しかし、警察の知識に留まらない治安維持部門長の技術や、自らのもうひとつの立脚点である職業生活や地域とのつながりが、警察への過剰な関与を一面で相対化している。

M氏は、ティムススとの関わりにおいて、その設立から活動を成し遂げてきたということを重視する。BANKAMDES以降もその態度はかわらない。活動の成否は地域が評価するのであって警察ではない。そのためには地域を基礎として活動してきた自らの世代が、新たな世代に伝達していくことが大切であるとして、警察の関わりを地域とチームの外側に配置している。

S氏の場合、ティムスス内でも比較的年上に位置し、最終学歴は中学校卒である。しかし、早くから農業にかかわり、かつ、ガードマンとして観光にも関わるという二つの状況に身をおいてきた。それは地域社会における役割においても同様であり、行政村側のセキュリティ組織と慣習村側のセキュリティ組織の両者を担ってきた。こうしたことから、前述の両者にくらべて警察やその他の組織が明確に区分されていることへのこだわりは少ない。すなわち、それらが欠けることなく協働し、誰しもが傲慢にならずに地域に奉仕する点では変わりはないのである。

このようにみると、警察との関わりという点に関しても、三者においてそれぞれ特徴のあるとらえ方である。いわば、警察の視点の取り込みと相対化、警察を周辺へと置くこと、警察との区別自体を問題にしない、という態度をみてとることができる。地域社会との関わりということでは、それぞれ、親族や友人関係と職業生活が組織される場、ティムススの存立の源泉かつ警察などから区別される資源、ティムススが基づくというだけでなく様々な組織が協働し奉仕する対象、といった対象化を行っているといえよう。

以上のような認識を持つ三者に共通して言えることは、いずれも、本章第2節のBANKAMDESの各種規定においてみたような、上からの再掌握や、普遍的に問題に晒されているものとして構築された地域像への全面的な依存がみられるわけではない、ということである。ここには、改めて提示された警察（国家）権力や普遍的な犯罪・セキュリティ像であっても、地域と自らの経験との兼ね合いで位置づけ直し、組織の立ち位置を決めるリーダー像をみてとることができる。ティムススとしての経験は、BANKAMDESの適用においても、地域の自律性を一定程度担保する視点を養ったということができよう。

第4節　サヌール・サイバー・ヴィレッジへの転換

以上のように視点を個々の成員にうつすと、BANKAMDESへの組織改編後の状況についても様々な捉え方がみえてくる。しかしながら、BANKAMDESは成員のなかにいっそうの変化も生んだ。それは、成員における世代間の意識の違いとして具体化された(4)。すなわち、ティムスス設立当初（二〇〇〇年）から参加してきた古参メンバーと、BANKAMDES適用以降（二〇〇六年）に採用された新参メンバーとの分化である。古参メンバーにとって重要視されるのは、地域セキュリティに関わってきた経験、地域社会や歴史・現状についての理解、ボランタリーな精神、「Bersatu Kita Teguh」（ひとつにまとまり強くなる）という考え方、その前提となる多様な組織や人々の存在である。

他方、新参メンバーにとっては、規律や組織、官僚制的階層性、警察による研修や規定に対応できる言葉の能力・理解力、BANKAMDESを頂点とした地域セキュリティ像といったものである。同様に、現金での謝礼や差し入れがあった場合の対応について、古参メンバーからすると、受け取らないときの考えはあくまでボランタリーな精神にもとづいて、受け取るときにはかしこまってそっと受け取るという態度となる。新参メンバーからすると、受け取らない時の考えは汚職にあたる可能性を考慮して、受け取るときには堂々と地域からの謝礼として受け取る権利があるという態度表明をするということになる。

古参メンバーにおいて生じている価値観は、地域の多元的共同性の要素から活動の正統性を引き出そうとするものであろう。それはサヌールにおける地域制御活動に携わり、サヌールを自分たちの手によって再生した経験をとおして維持されているものといえる。かれらにとってセキュリティは地域に資する限りにおいて応用可能なものである。他方で、新参メンバーはそのような経験をもたず、活動の正統性は警察による規律や訓練に依拠している。形式的にはティムススとしてまとまりをもっているとしても、実質的には警察によりいっそう包摂されていく経路が敷かれているといえる。かれらにとって、地域はセキュリティに資するよう整えられていくものとなろう。

BANKAMDESは以上のようにティムススの組織としての特徴に大きな影響を与えたが、さらに、BANKAMDESと同時に導入された監視カメラおよび関連するセンサー技術は、サヌールの地域像にも大きな転換をもたらした。監視カメラ（Closed-Circuit Television：ＣＣＴＶ）については、デンパサール市の出資により、サヌールの目抜き通りを中心として一四機の固定カメラと四機の全方位カメラが設置され、その管理センターがティムススの詰め所の一角に設営された（YPS 2006a, 2006b）。これをとおしてサヌールは、警察のお墨付きを得た地域セキュリティ組織と、電子的な監視網を手に入れたことになる（写真６―１）。

この状況を利用し、サヌール開発財団では、サヌールの来るべき将来像として「電脳村サヌール（Sanur Cyber Village）」が構想された。告知として、『サヌール監視システム（Sanur Surveillance System）』というパンフレットがサヌールの主要な観光関係店舗に配布されるとともに、二〇〇七年にはサヌール村フェスティバルにて観光客にも配布された（資料６―１）。パンフレットによると、監視カメラ、コンピュータ、連絡電信技術を活用し、BANKAMDESによって統合される地域のシステムとしての「サヌール監視システム」によって地域セキュリティを行うとされた（YPS 2006b）。さらに、早期警戒システム、ビデオ障害探知技術、火災センサー、煙探知機、火薬探知機などが設置され、

写真6-1　ティムススに配備された監視カメラ管理システム
出典：筆者が撮影（2006年3月6日・ティムスス詰め所）

それらが組み合わされて包括的な範域システムとなるよう展開するという。ここでは、合理化されたセキュリティ組織としてのBANKAMDESが、監視システムをつなぎ合わせるハブとしての機能を担わされることになる。この点において、BANKAMDESは警察やデンパサール市から統御される可能性をいっそう強めたといえよう。

さらに、サヌール開発財団の対外向け発表資料（YPS 2006c）では、電脳村サヌールの特徴がより具体的に示されている。第一に、他の地域と区別できる特徴として「家族の滞在に適しており、プライバシーが護られる」地域であるとされる。ここでは、これまでの地域セキュリティ活動に比べ、より明確に、そのセキュリティを観光の資源として動員するための対象設定がなされている。第二に、監視カメラ設置の意義として、手作業で監視することと比べ、遠く、広く地域を監視することができるということ、事件にたいする対策がいっそう早く行われること、コントロールの本部とパトロールチームがいっそう協力できること、地域社会だけでなく世界からの信用を高めることができるといったことがあげられている。こうしたセキュリティの観光資源化と、監視機能の推進もまた、地域セキュリティ組織の合理化と制御可能性に裏打ちされたものである。ＣＣＴＶの設置によって、ティムスス内部には、ＣＣＴＶの管理・操作権限をもつ者とそうでない者という新たなディバイドも生じることとなった。

BANKAMDESとＣＣＴＶによって転換が図られるサヌールに対して、二〇〇七年二月には全国規模の地域治安維持の

資料6-1　サヌール地区の店舗、観光客に配布されたパンフレット

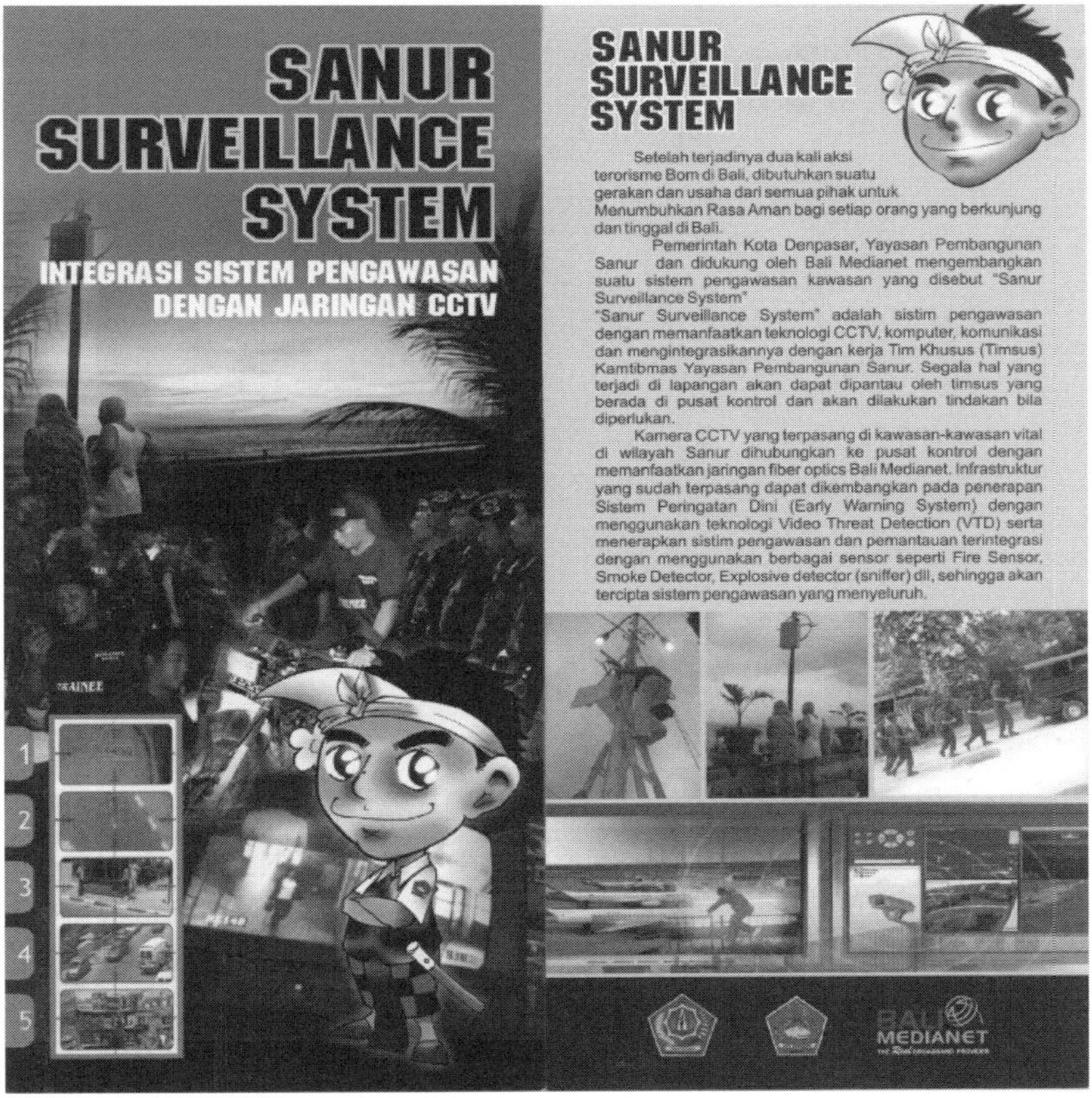

出典：サヌール開発財団提供資料

ために「自発的警備員《パンスワカルサ》（Satpam Swakarsa：PAMSWAKARSA）」が導入された（Kepolisian Daera Bali Kota Besar Denpasar Sektor Denpasar Selatan 2007）。この名称はもともと、中央集権体制崩壊直後の反政府活動を封じるために組織されていた民兵の呼び名であった（Porter 2002：Chap. 10）が、インドネシア国家警察によってスハルト退陣以降に導入され、例えばロンボクで暴力行為に携わる自警団の組織化においてその名が使われた（MacDougall 2007）。バリ島においてはテロリズム対策をとりこみながら拡大したが、その形態としては、地域の様々なレベルに存在してきた各種自警団を包摂し、組織化しようとするものであった（TEMPO 10 Juni 2005, 23 November 2005）。

表6―2はその成員を表しており、隊員一のBANKAMDESがティムススである。監督には軍・警察と郡長がおかれ、顧問には行政村（町）長と慣習村長の両者が明確に組み込まれた。実働においてはサヌール開発財団の執行部が様々な組織を束ね、その下に慣習村からプチャラン、行政村からはLINMAS、観光セクターからホテルのガードマン組織、若者集団というように幅広い組織が包摂された。そこには、サヌールの開発を地元ベースで進めてきたサヌール開発財団が位置付けられ、行政村だけでなく慣習村もまた動員されているという点で、より根底から地域を動員するしくみづくりであるともいえよう。

第5節　むすび

以上明らかにしてきたように、ティムススにおいてはBANKAMDESをとおした制度化と包摂により、国家的な治安維持のプロジェクトにいっそう容易に接続される形式を整えることになった。そこにおいて各隊員レベルでのミクロな認識は、すでに制度のうちに取り込まれるものでしかないのかもしれない。地域セキュリティ活動をとおして構築されたサヌールの領域的イメージは、警察機構の官僚制的階層構造を補完する「南デンパサール郡」という枠組みに包摂された。ＹＰＳとティムススの活動により「古き良きバリ」の落ち着き、静かな風景が創出されたが、それは多元的共同性の動態を基盤とするコミュニティの論理のうえに構築され、具体化された地域セキュリティ・システムの一環であった。しかしながら、そうした成功ゆえに、多元的共同性の形式的側面としての「地域の多様性」が足がか

表6-2　サヌール地区のPAMSWAKARSA成員

監督	郡指導者会議			
		南デンパサール郡警察署長		
		南デンパサール郡分軍支部司令官		
		南デンパサール郡長		
顧問	行政村長			
		サヌール行政町長		
		サヌール・カジャ行政村長		
		サヌール・カウ行政村長		
	慣習村長			
		サヌール慣習村長		
		インタラン慣習村長		
		プニャリンガン慣習村長		
調整役	南デンパサール郡警察署治安情報局長			
隊長	サヌール開発財団長			
副隊長	サヌール開発財団副長			
秘書	サヌール開発財団秘書			
会計	サヌール開発財団会計			
隊員	1. BANKAMDES		33人	SIGN UNIT 1
	2. プチャラン			SIGN UNIT 3
		インタラン慣習村	37人	
		プニャリンガン慣習村	10人	
		サヌール慣習村	25人	
	3. LINMAS			SIGN UNIT 4
		サヌール行政町	30人	
		サヌール・カジャ行政村	20人	
		サヌール・カウ行政村	34人	
	4. ホテルのガードマン組織			SIGN UNIT 5
		ホテル G		
		ホテル P		
		ホテル B		
		ホテル S		
		ホテル M		
	5. サヌールの若者組織		57人	SIGN UNIT 2

出典：Kepolisian Daerah Bali Kota Besar Denpasar Sektor Denpasar Selatan（2007）より筆者が作成

りとなり、BANKAMDESによってセキュリティの論理が物象化され動員されることで、各種セキュリティの論理・技術を強化することにつながった。

それは同時に、システム内部の諸要因の変化によるものでもあった。インフォーマルセクター労働者の問題解決後のシステム維持への志向性・目的合理性（ティムススの常勤化）、システム内部に蓄積されるようになった経済資本（観光客の呼び戻し）、その内部的格差（世代間・内陸と海浜部）、セキュリティのシンボル的価値と市場価値の結びつき（安全な地域としての宣伝・ＣＣＴＶ）、およびそれに伴う地元による意味探求の動態からの遊離、これらがシステム内部からの変容の閾値を縮小する方向に働き、外部からの影響によるシステムの変容を招いた。

ここには、セキュリティへの疎外ともいうべき状況が生じているといえ、第２章第４節において論じたバリ島ナショナリズムと同様の方向性をみてとることができる。そこでは、バリ島の「伝統」がもつ動的な性格がプチャランに具体化され、静的なものとなり道具的に用いられるものとなった。地域セキュリティにおいても同様に、多元的共同性による動的性格としてグラスルーツからの多様な活動を可能としていた状況から大きく転換することとなった。

監視カメラはセキュリティの物象化のシンボル的事例であるといえる。これをとおしてサヌール開発財団は外部からの投資・開発援助の影響をうけるようになった。監視カメラの企画と予算自体がデンパサール市から「南デンパサール郡」に対するもの、BANKAMDESの適用地に対するものであったことも、サヌールの内発的な動きに対抗し、デンパサール市の都市的影響力を強化するものであったとみることができよう。さらにこの延長に、二〇〇八年には監視カメラの維持管理費が拠出できないという問題が生じ、二〇〇九年にサヌール開発財団は三億一、八八〇万ルピアの助成金を受けたい旨、デンパサール市に対して請願書を提出した（YPS 2009）。しかしその後も監視カメラが再生・再設定されることはなく、風雨に晒され、機能の終焉をまつばかりである。維持管理費の問題から、監視システムの中枢もティムススの詰め所から撤去されるに至っている。
それに代わり、近年では、中国資本からのビーチ沿いのライト設置の投資の話、目抜き通りやビーチ沿いにおいてインターネットを隙間無く使えるような中継機設置の投資話などが舞い込んだ。他方で、三つのデサがともに歩んできたサヌール地区において、内陸のデサと、ビーチ沿いの観光地区を抱える二つのデサとの間に格差も広がっているようである。マスツーリズムを乗り越え、中央集権体制崩壊以後の混乱を乗り越えてきたサヌールは、国家やグローバル・ツーリズム、海外資本の影響に晒され包摂されはじめた。

【注】

（１）このうち三人は、サヌール地域安全調整機構（ＢＫ３Ｓ）退職者であった。ＢＫ３Ｓは一九九七年末、スハルト体制崩壊に対して観光地の治安と資金の確保を目的として、軍と警察の監督のもとに運営された機構である。地方分権化以降、その役割は減少し、監督権はティムススの母体となる近隣住民組織ＹＰＳへと移譲され、ここにきて正式に解体されることとなった。ＢＫ３Ｓの詳細については本書第４章を参照。

（２）二〇〇七年一〇月、サヌール開発財団の秘書Ｓ氏へのインタビューから。また、慣習村とデンパサール都市警察との合議についてBali Post（September 25, 2005）を参照。

（３）インタビューは、二〇〇六年三月のBANKAMDES任命以降、第一期のサブチーム隊長をつとめた古参メンバー三人、Ｋ氏（二〇〇六年八月二一日、二二日）、Ｍ氏（二〇〇六年八月二〇日、二二日、二三日）、Ｓ氏（二〇〇六年八月二二日、二三日）に対して、サヌール開発財団（ＹＰＳ）内ティムスス本部詰所にて行われた。その内容は、ティムススとの関わりのきっかけ、隊長としての役割、BANKAMDES以降のティムススの変化、警察との関わり、伝統的警護組織（プチャラン）との関わりという点を中心に半構造化した質問項目による。Ｍ氏に対してはその後も断続的にインタビューを行った。この三人については、ティムススにおいて古参の成員であり、他の成員と比較して組織全体の位置づけ、地域社会との関係性を把握していること、組織・個人両面から通時的な社会地位的変化を描写できること等の観点から、本章におけるインタビューの対象者とした。

（4）世代間の意識の違いについては、M氏および新参メンバー五人に対して、二〇〇七年一〇月BANKAMDES詰め所にて実施したインタビュー、加えて同月に筆者が参加したパトロール中の会話より。

第7章　多文化地区の地域セキュリティ

第1節　はじめに

ここまで、第3章から第6章まではサヌール地区において、観光地区の社会経済の変化、地域セキュリティ組織の活動と新しい地域像の形成、その後のデンパサール都市警察によるコミュニティ・ポリシングの適用、全国規模の制度への包摂という過程を明らかにしてきた。そのなかで、わずかな期間ではあるものの、グラスルーツからの地域セキュリティの試みを明らかにすることができた。もっとも、それを可能ならしめた社会的条件のひとつは、サヌール地区に残るバンジャールが多元的共同性の要素として自律的側面を持ち合わせたという点にあった。他方で、本章にて対象とするトゥバン（Tuban）地区は、他島から多くの移住者が集まり多文化状況をみせ、必ずしも地域社会がバリ島のバンジャールに収斂するわけではない。その点では、バリ島の多元的共同性をそのままのかたちで駆動因とするわけにはいかない。そこで本章では、サヌール地区との地域構成の違いを基盤として、トゥバン地区においていかなる地域セキュリティが可能となるのかについて明らかにしたい。

対象となる組織はシスカムリン（Siskamling）と呼ばれるものである。シスカムリンはかつて中央集権体制の末端組織として制度化されたが、トゥバンにおいては外来者の参加、活動と構成の多様さを備え、新たに組織されるに至った。他方で、地域の治安対策として、トゥバン町行政によりＰＫＤ《ペーカーデー》と呼ばれる公的な組織の形成も平行して行われていた。それは、トゥバンの伝統的警備隊プチャランを基盤として編成されたものであった。この組織をめぐっては、第2章において論じたバリ島ナショナリズムの影響と、BANKAMDESをとおした行政による掌握という一連の過程を見出す事ができる。

このように、トゥバン地区においては、近隣住民組織による試み（シスカムリン）と町行政レベルでの治安維持組織（ＰＫＤ）形成がほぼ同時平行して展開された。この点においても、地域社会を基底とした自治的試み（ティムス）が特徴であったサヌールとは異なる状況であった。そのためトゥバン地区においては、第一に、多文化状況を応用した地域セキュリティの特徴、第二に、そのような共同的な試みと行政による公的試みとの節合という特徴を見出すことが可能となろう。さらに第三の特徴として、トゥバンにおいては、バンジャール長のＭ氏が音頭をとることで地域セキュリティ・システムの整備が進められ、それを契機として後に県議会議員に当選するという地方政治への展開をあげることができる。これらを敷衍することにより、トゥバン地区の地域セキュリティにおいて多元的要素がもつ意義が明らかとなろう。

第2節　移民のバリ

1．可視化される外来者

まず、対象となるトゥバン地区の特徴として外来者の動向について確認しておこう。第3章において明らかにしたように、一九九〇年代にはツーリズム産業に関わるインフォーマルセクター労働者が増大しており、外来者の可視化のための政策が進んだ。吉原（二〇〇八：第8章）によれば、一九九八年以降、バリ島地元民と分離し、外来者は身分証明書（Kartu Penduduk Musiman：ＫＩＰＥＭ）を所持することになり、トップダウンの政策により規制が強化された。すでに論じたように（本書第4章を参照）、サヌール地区では二〇〇〇年以降、路上での商売が禁止され、インフォーマルセクター就労の形態は限定されることとなった。それとは対照的に、外来者の居住・就労区域として登場する場所がトゥバン地区である。

トゥバン地区は、南西部海浜観光地区のバックヤードという位置付けにある。それは、スミニャック（Seminyak）、レギャン（Legian）、クタ（Kuta）という世界有数の観光地、通称スミギタ（Semigita）地区に近接し、観光業就労先に通勤が容易で安価な居住区としての魅力をもつということを意味し、そうした地理的特徴がバリ島外からの労働者を引きつけてきた。これに対して、トゥバンが位置するバドゥン（Badung）県では、移住の規制強化が行われた（Kabpaten Badung 2001, 2003）。バドゥン県は、二〇〇一年より、ＫＩＰＥＭ（身分証明書）にかわり、一時的居住身分証明書（Kartu Identitas Penduduk Sementara：ＫＩＰＳ）の所持（発行に五〇、〇〇〇ルピア）と、三ヶ月ごとの更新（一回五〇、〇〇〇ルピア）を義務づけた。さらに、バリ島内の他県からの就労者にも一時的居住登録書（Surat Tanda Pendaftaran Penduduk Tinggal Sementara：ＳＴＰＰＴＳ）の所持（発行に五、〇〇〇ルピア）と六ヶ月ごとの更新（一回五、〇〇〇ルピア）を義務づけた。トゥバン地区内の居住においては、インドネシア国民、さらには同じバリ島出身者でさえ登録が必要となったのである。

ここで、トゥバン地区の特徴を行政的な位置付けのなかでみると、バリ州バドゥン県クタ郡のトゥバン町（Kelurahan Tuban）と表記される。地域の大部分を住宅が占めているが、一部の通りには屋台や小さなレストランが密集している。同区域はングラーライ国際空港によって南北に分けられており、バリ島の慣習を担う慣習村として空港の北側にトゥバン慣習村（Desa Adat Tuban）、南側にケラン慣習村（Desa Adat Kelan）が存在する。トゥバン慣習村の下にはトゥバン・グリア（Banjar Tuban Geria）とトゥバン・プサラカン（Banjar Tuban Pesalakan）、ケラン慣習村の下にはケラン・デサ（Banjar Kelan Desa）とケラン・アビアン（Banjar Kelan Abian）というバンジャールが存在する。二〇〇七年のトゥバン地区全体として、二・六八へーホーキロメートに三、一九八世帯、一万三、六九四人が生活する（Kelurahan Tuban 2007）。宗教は、ヒンドゥー教五七・四％、ムスリム三七・九％、キリスト教四・五％、仏教〇・二％となる（表７―１）。ここでは、バリ島全体とくらべてムスリム人口の割合が高いこと、それが通時的に増大していることが特徴となる。

トゥバン地区居住者のほとんどは、隣接するスミギタ（スミニャック、レギヤン、クタ）三地区の観光に関わる就労につく。その内容は、自動車・バイク等のレンタル、レストランやホテルでの接客業といった直接観光客を相手にする仕事をはじめ、観光用の手工芸品製造、スミギタ三地区の建築に携わる労働、さらに他の地域からスミギタ三地区に通って仕事をする就労者のための屋台・簡易的なレストラン（Warung）や手押し屋台（Kakilima）といったもので

表7-1　トゥバン地区とバリ島の人口に占める各宗教（人）

	トゥバン地区		バリ島	
	2000年	2007年	2000年	2006年
ムスリム	3712	5184	180,401	198,933
	(26.1)	(37.9)	(6.0)	(6.1)
プロテスタント	437		24,652	48,799
	(3.1)	615	(0.8)	(1.5)
カトリック	328	(4.5)	20,299	22,258
	(2.3)		(0.7)	(0.7)
仏教	25	28	21,287	20,925
	(0.2)	(0.2)	(0.7)	(0.6)
ヒンドゥー教	9723	7867	2,752,131	2,956,875
	(68.4)	(57.4)	(91.8)	(91.0)
Total	14,225	13,694	2,998,770	3,247,790

出典：Kelurahan Tuban（2000, 2007）, Badan Pusat Statistik Propinsi Bali（2000, 2006）.
注）カッコ内は割合を示す。

ある（Kelurahan Tuban 2007）。

2. トゥバン慣習村の状況

トゥバンにおいては多数の外来者の存在が特徴となるが、この点についてさらに詳細に論じるために、空港の北側、トゥバン慣習村にあるトゥバン・グリアとトゥバン・プサラカンの両バンジャールに着目したい。それぞれのバンジャールにおいて、バンジャール・アダット（慣習近隣住民組織）に登録されている世帯数とバンジャール・ディナス（行政近隣住民組織）に登録されている世帯数には大きな開きがある。前者に登録されている世帯は地元出身者であり、バリ島の伝統や慣習に関わる活動を担う。後者は主に外来者を含めた人口登録の役割を持つ。トゥバン・グリアにおいては、それぞれ二四六世帯と、一、七七六世帯、トゥバン・プサラカンにおいては、それぞれ二五九世帯と二、一一七世帯となる（表7—2）。いずれも、バンジャール・ディナスは慣習を担うバンジャール・アダットの八倍ほどの登録数となっている[(1)]。

表7—3と7—4はそれぞれ、トゥバン・プサラカンにおいて、

表7-2　トゥバン地区の世帯構成

	バンジャール	アダット	ディナス
トゥバン地区	トゥバン・グリア	246世帯	1,776世帯
	トゥバン・プサラカン	259世帯	2,117世帯

出典：筆者によるアンケート調査

表7-3　2006年プセラカン・トゥバンにおける KIPSとSTPPTS登録者に占める宗教

ムスリム	932	79.5%
プロテスタント	43	3.7%
カトリック	30	2.6%
ヒンドゥー教	148	12.6%
仏教	11	0.9%
その他	9	0.8%
計	1173	100%

出典：Lingkungan Pesalakan Tuban（2006）から筆者が作成

短期滞在の申請を行った住民の宗教と職業を示したものである。就労希望者は圧倒的にムスリムで占められており、トゥバン地区はバリ島外から多くの外来者を受け入れていることがわかる。表7―5は、各宗教ごとにどのような職業についているのかを表している。ムスリム（バリ島外からの移住者）と、ヒンドゥー（バリ島内からの移住者）を比較すると、前者では、建設作業員や工場労働者といった肉体労働および販売職の割合が高く、後者ではその他被雇用者あるいは自営業の割合が高い。前者の職業は比較的低賃金であり、販売職においては行商や手押し屋台等の労働が含まれ、観光産業を下支えしている。

このように、多くの移民労働者を集めるトゥバン地区は、空港とスミギタ三地区に挟まれ、きらびやかな観光地区のバックヤードともいえる場所である（Denpost 3 January 2009）。そこには、影に沈んだかのように比較的低賃金な労働者の需要を満たす小さな住宅がひしめいており、インフラストラクチャーの老朽化の問題を抱える。そこに、さらにスミギタ三地区の大量の下水が流れ込み、洪水を引き起こしている。空港に隣接することにより、住民は長らく騒音問題にも悩まされている。

表7-4　トゥバン・プサラカンにおけるKIPSとSTPPTS登録者に占める職業（2006年）

サービス業従事	58	4.9%
販売職	187	15.9%
建設作業員	111	9.5%
工場労働者	102	8.7%
主婦	127	10.8%
自営業	129	11.0%
被雇用者	292	24.9%
その他	167	14.2%
計	1173	100.0%

出典：Lingkungan Pesalakan Tuban（2006）より筆者が作成
注）職業分類については各人の登録用紙の記載事項を参照しており、相互排他的なカテゴリになっていないものもある。

表7-5　トゥバン・プサラカンにおけるKIPSとSTPPTS登録者に占める職業と宗教（2006年）

	サービス業従事	販売職	建設作業員	工場労働者	主婦	その他自営業	その他被雇用者	その他	計
ムスリム	49	166	107	82	107	101	192	128	932
	5.3%	17.8%	11.5%	8.8%	11.5%	10.8%	20.6%	13.7%	100.0%
プロテスタント	2	6	0	4	8	5	10	8	43
	4.7%	14.0%	0.0%	9.3%	18.6%	11.6%	23.3%	18.6%	100.0%
カトリック	1	2	0	6	3	1	10	7	30
	3.3%	6.7%	0.0%	20.0%	10.0%	3.3%	33.3%	23.3%	100.0%
ヒンドゥー教	6	9	4	10	8	21	74	16	148
	4.1%	6.1%	2.7%	6.8%	5.4%	14.2%	50.0%	10.8%	100.0%
仏教	0	3	0	0	0	1	5	2	11
	0.0%	27.3%	0.0%	0.0%	0.0%	9.1%	45.5%	18.2%	100.0%
計	58	186	111	102	126	129	291	161	1164
	5.0%	16.0%	9.5%	8.8%	10.8%	11.1%	25.0%	13.8%	100.0%

出典：Lingkungan Pesalakan Tuban（2006）より筆者が作成
注）職業分類については各人の登録用紙の記載事項を参照しており、相互排他的なカテゴリになっていないものもある。

同様に、トゥバン地区は治安の問題に悩まされる場所でもあった。[2] 一九九八年には、ニュピと呼ばれるヒンドゥー教の新年の祭日に、路上の土産物品が焼かれるという事件が起こった。それは、バリ島外からの移住者が作成したり買い付けたりして、スミギタ三地区へと売りにだされるために路上にストックされていたものであった。それは、単純に交通の邪魔になるということとともに、バリ・ナショナリズムの高まりとともに生じた事件であった（Denpost 3 January 2009）。

第3節　近代化される伝統的警備隊

トゥバン地区にあっても、ナショナリズムの高まりはプチャランの活性化（本書第2章参照）をまねき、地区要人の空港までのガードマン役をこなす等任務の拡張がみられた。しかし、二〇〇一年、プチャランの権威づけの根拠となったバリ州政令は、トゥバンにおいてプチャランの活動を再考する機会となった。そこで、トゥバン行政府によって、プチャランの一部はＰＫＤ（Petugas Keamanan Desa：デサ治安要員）とよばれる地域セキュリティ組織に再構成された。[3]

設立当初、ＰＫＤとプチャランのメンバーはほぼ同じ成員であった。しかしながらＰＫＤにおいては、プチャランがヒンドゥー教に基づいているがゆえに関与できないイスラム教などの宗教行事のパトロールに対して、治安維持を目的として参与しはじめるという影響力の拡大がみられた。しかもその活動の範囲・権利は、条文・規約等の世俗法によって明文化されておらず、プチャランがもつ伝統的・慣習的権利がそのまま適用され、ときに暴力事件を起こすなどの問題が散見された。

ＰＫＤの権限は、二〇〇四年、バリ州政令の改訂によりプチャランの権限が大幅に限定されるのと同時に、トゥバン町行政により明文化され制限されるようになった。そこでは、ＰＫＤはバンジャールの慣習法典であるアウィグ・アウィグ（awig-awig）とトゥバン町による決定の双方によってコントロールされ、関連する諸組織との連係を強めるべきことが明記された（Desa Adat Tuban 2004）。これにより、ＰＫＤにはバリ島の地域社会を担うバンジャールと行政的な町村の枠組みの両者が基礎に据えられた。とはいえ、なお両者は必ずしもＰＫＤの構造および機能を明示するものにはならず、プチャランに一部世俗的な体裁をほどこしたというものであったといえよう。

さらに二〇〇六年にはBANKAMDES（本書第5章参照）に指定されるとともに、新たな体制づくりが推進された。図7―1と7―2はそれぞれＰＫＤとプチャランの組織図である。いずれも監督者には慣習村（Desa Adat）長、その下の顧問二名は兼任であり、この時点ではいまだＰＫＤとプチャランの区分は曖昧であった。プチャランが地区ごとにメンバーを集めていることにならい、ＰＫＤでも地区ごとの四編成である点も同様であった。表7―6はＰＫＤとプチャランの兼任状況を表している。実際のメンバーの兼任はほとんどみられないものの、秘書、会計よりも上部の役員はどちらも同じ人物により担われている。他方で、地区内の住民構成の多様性にあわせて各チームに必ず一人以上のバリ島外の出身者を配置している（ＰＫＤ顧問へのインタビューから）点に新たな特徴が表れている。もっとも、これら組織図を参照すると、いまだＰＫＤとプチャランは同様のものとして運用されているといえる。

ＰＫＤとプチャランの重複は次の二枚の写真にも表れている。写真7―1はＰＫＤの詰め所の出入り口に掲げられている看板である。看板上部には「POS KEAMANAN TERPADU」に続いて、「DESA PAKRAMAN（慣習村）」の標記がある。下部には、PECALANG（プチャラン）、BANKAMDES、ＰＫＤの標記が並んでいる。写真7―2はＰＫＤとプチャランが同様に詰め所を利用している状況である。

図7-1　PKD組織図（2006）

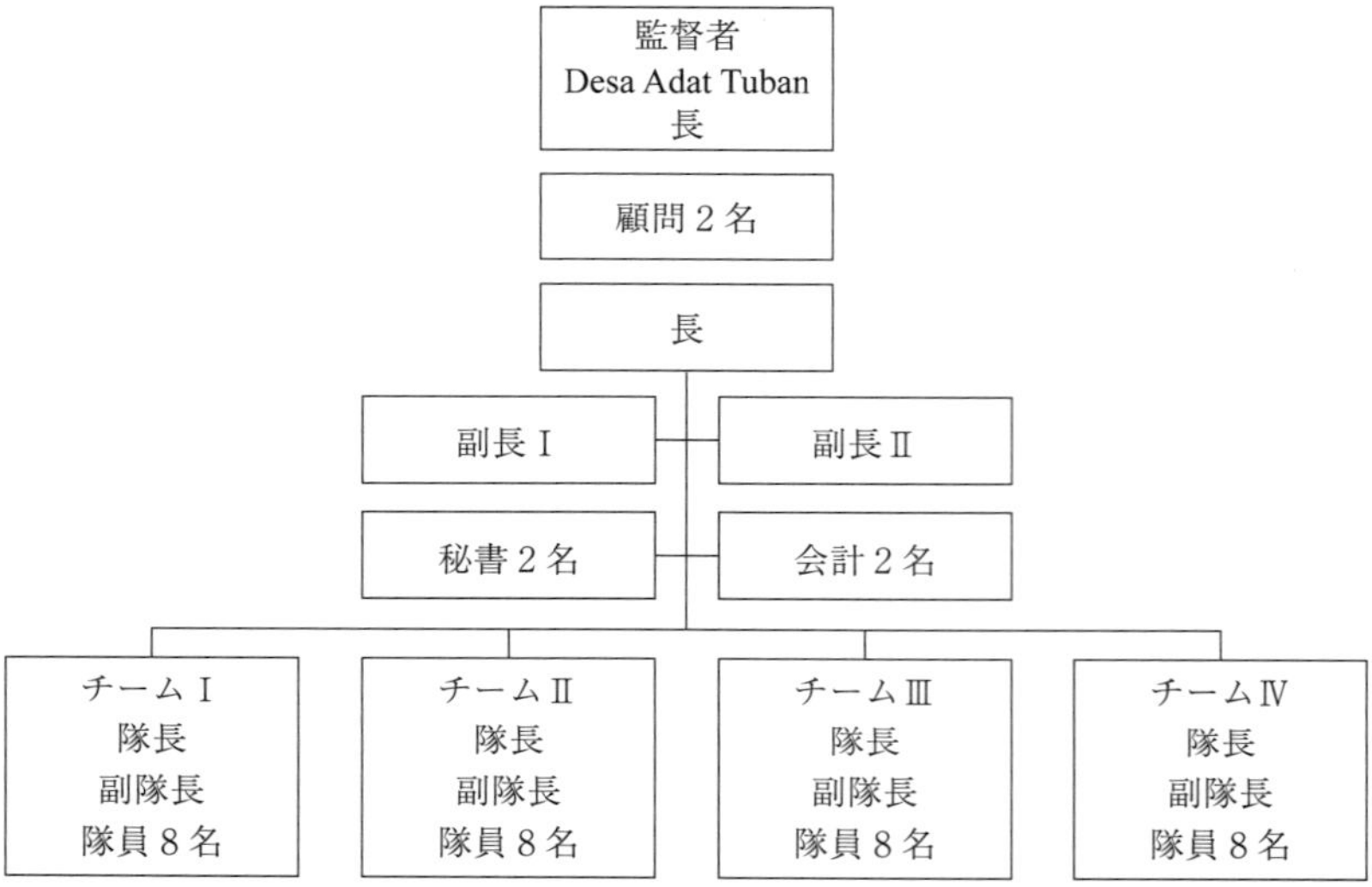

出典：Kelurahan Tuban（2006）

図7-2　プチャラン組織図（2006）

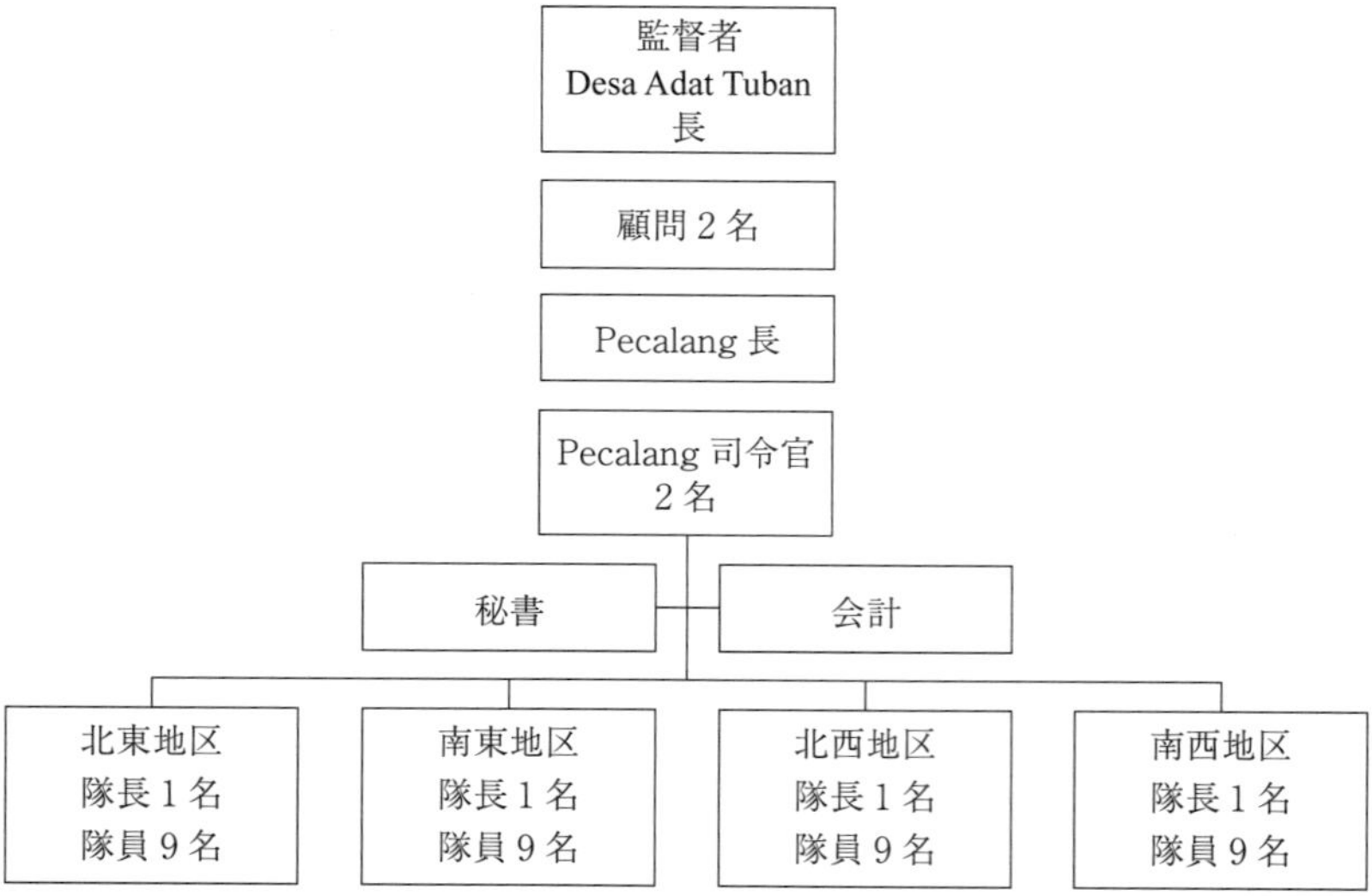

出典：Desa Pakraman Tuban（2006b）

表7-6　PKD成員におけるプチャランとの重複状況（2006）

PKD	プチャラン
PDirector	Director
Advisor A	Advisor A
Advisor B	Advisor B
Chief	南東地区成員
Deputy I	北西地区成員
Deputy II	北東地区成員
Secretary A	
Secretary B	
Accountant A	
Accountant B	

PKD	プチャラン
Team I Chief	
Team I Deputy chief	北東地区成員
Team I-1	
Team I-2	
Team I-3　○	
Team I-4	
Team I-5	
Team I-6	
Team I-7	
Team I-8	

PKD	プチャラン
Team II Chief	
Team II Deputy chief	
Team II-1	
Team II-2	
Team II-3	
Team II-4　○	
Team II-5　○	
Team II-6	
Team II-7	
Team II-8	

PKD	プチャラン
Team III Chief	
Team III Deputy Chief	北西地区成員
Team III-1	
Team III-2	
Team III-3	
Team III-4　○	
Team III-5	
Team III-6	
Team III-7	
Team III-8	北東地区成員

PKD	プチャラン
Team IV Chief	
Team IV Deputy chief	
Team IV-1	
Team IV-2	
Team IV-3	
Team IV-4	
Team IV-5	
Team IV-6	
Team IV-7　○	
Team IV-8	

出典：Desa Pakraman Tuban（2006a, 2006b）より筆者が作成
注）PKD内の○印は他島出身者を示す

写真7-1　PKD詰め所の看板
出典：筆者による撮影（2009年6月）

写真7-2　PKDとプチャラン
出典：PKD提供

以上のように、組織的にはいまだＰＫＤとプチャランの相同性が確認できる。しかしながらその活動においては、これまでに無い特徴がみられるようになった。それは、BANKAMDESへの任命による警察からの研修、地図に従ったパトロールコースの確認、携帯型無線機での連絡方法等の整備等、技術的側面の近代化であった。他方で独自の取り組みとして、パトロールにおいて、トゥバン内に新設されたシスカムリンという自警団の詰め所に立ち寄り情報交換を行う役目を担った。これはシスカムリンとの協議のなかで決定されたものであった。次に、この新たな「シスカムリン」に着目することで、多文化地区における地域セキュリティについて、多元的共同性の要素を踏まえながら論じていきたい。

第4節　地元リーダーの試みと新たなシスカムリン

1．中央集権体制下のシスカムリン

シスカムリン（Sistem Keamanan Lingkungan : Siskamling）は、一般的に一九八〇年に導入された地域安全システムのことである。スハルト政権下の治安維持体制においては、陸・海・空軍とともに国軍司令官の下に第四軍として警察がおかれ、インフォーマルセクター労働者の排除やスラムエリアの取り壊しなどを通して国内の治安維持に多大な影響力をもってきた（Barker 1999）。その末端として民間のなかで機能したシスカムリンは、民間防衛組織ハンシップ（Pertahanan Sipil : Hansip）と、企業の警備員であるサッパン（Satuan Pengamanan : Satpam）からなり、地域住民の相互監視までを含むものであった（Barker 1999）。地域治安維持におけるシスカムリンは、新秩序体制下における近隣住民組織（RT／RW）の全国的な制度化、軍の管轄区域と行政区の緊密な関係づけを通して、官製の住民組織をその末端に位置付け展開されてきた（小林二〇〇四、二〇〇五）。

他方で、そのズレや脱構築の面に目を向けると、シスカムリンは、地域安全のための一連のシステムという政府による規定とは別に、バリ島の近隣住民組織における相互扶助活動ゴトン・ロヨン（Gotong-Royong）の一環として既婚男性により担われ、ジャガ・バヤ（Jaga Bahaya）やロンダ（Ronda）と呼ばれる夜警のもうひとつの呼び名として用いられてきた(4)（菱山二〇〇八）。そのため、バリ島では、スハルト体制の末端としての防衛機構である「シスカムリン」と、地元による慣習的な夜警としての「シスカムリン」が存在するという状況を呈してきた(5)。インドネシアの政

治経済の中心地ジャカルタであっても、政府による概念規定とは別に、都市暴動など非常事態に際して近隣住民によって形成された自警団が「シスカムリン」と呼ばれ、独自の活動に従事することがあった（ドウィアント一九九九）。次にみる新たな「シスカムリン」の組織化の事例はさらに、既存の伝統や組織の諸形式を利用しながら新たな動きとなって展開される、多元的共同性の要素（本書第2章第2節参照）をあわせもつものである。

2．地域リーダーの特徴

一九九八年当時、プセラカン行政近隣住民組織（Banjar Dinas Pesalakan）の長であったM氏の立案により、PKDとは全く別の地域セキュリティのプロジェクトが進行していた[6]。M氏は、このシスカムリンという自警団の活性化をもとに、地域の治安の確保と統一を生み出そうと考えていた。一九九八年以前には、トゥバン慣習村の範囲には夜警組織としてのシスカムリンが二つ存在し、それぞれ小さな詰め所を所有していた。Mトゥバン地区の空港の北側を占めるM氏は一九九八年から二〇〇一年の間にその二つを廃止し、新たな組織と詰め所の組織化を試みた。その結果、二〇〇三年四月の最大数のときで二八のシスカムリンと、同数の詰め所を数えるまでに至った。通常、バリ島では各バンジャールにひとつの夜警組織としてのシスカムリンがあるのみである。また、シスカムリンは基本的にボランタリーな活動であるため、都市部では参加者の確保が難しくなっている状況である。このことを考慮すると、バリ島外からの多数の移住者が居住しているという点で極めて都市的であり、バンジャールは二つという地区に、二八の組織はかなりの数であるということができる。

M氏の略歴からそのリーダーシップと新たなシスカムリンの組織化の背景を探ろう。M氏は一九六一年生まれ、大学まで一貫してバリ島内の学校に通った。一九七四年、専門学校に在籍中、バリ島有数の観光地域サヌールの老舗ホテルであるバリ・ビーチホテルや、クタのクタ・コテージホテルで職業訓練を受け、後者では一九七七年まで働いた。一九八〇年から八二年まではバリ・サンセットクラブ・オーストラリアン・ホリデーのガードマンとして働き、一九八二年から一九八九年まで、バドゥン県の中学校でインドネシア語と英語の非常勤教員、一九八六年から一九八九年まではクタの高校にて英語の非常勤教員、一九九二年にはバリ州ホテル・観光教育センターにて英語インストラクターを務めた。そうした中、一九八六年、バリ州都デンパサールのマハ・サラスワティ大学の英語学科を卒業した。一九八八年からは英語観光ガイドとして観光客相手の仕事をこなした。M氏は、自らの経歴を振りかえり、観光ガイドとしての仕事のなかで、観光客もまた安全を求めていることを感じるようになり、プサラカンのバンジャール長となった一九九七年の翌年から、周辺地区の治安に関心を払うようになったという。

近年は民主主義者党（Partai Demokrat：ＰＤ）[7]からバドゥン県議員に立候補し、二〇〇九年四月に当選を果たした。トゥバンを含むクタ選挙区において、ＰＤは三、三七八票を獲得、トゥバンからの投票数はそのうち二、一六五票を占め、M氏はそのうち一、八二九票を獲得した（Denpost 13 April 2009）。この選挙では、それまでメガワティ前大統領の政党で一九九八年以降の民主化において中核的な役割を果たしたＰＤＩＰと、スハルト前大統領の政党で保守系列のGOLKARに占められていた議会において、ＰＤがバドゥン県議会の第三党となり、過半数争いに重要な位置を占めるに至った。[8] M氏をめぐるこうした状況は、それまで試みられてきたトゥバンの地域セキュリティに対する、住民の信頼のあらわれであるということもできる。

M氏の思想は、次の言葉に集約されるだろう。すなわち、「バリは、バリにいる人たちによってバリになっている。それゆえにBali is Baliである」。そのため、バリ人だけでなく、バリに滞在するすべての人びとに必要なことは、バリらしさを脅迫的に追い求めバリ以外のものを退けるということではなく、むしろバリに現にあるもの、居合わせる人たちが共存していくという態度である。

3. 新たなシスカムリンの多文化要素と思想的背景

そうしたM氏の考えは、すでに地元プサラカン地区のシスカムリンの形成にあらわれていた。M氏は、ただ無闇にシスカムリンとその詰め所の数を増やすというのではなく、多くの外来者を、出身地が偏らないように編成しメンバーとした。いくつかのシスカムリンにおいては、その構成員すべてが外来者からなるほどであった。システムもジャワの特徴とバリの特徴を併せ持つようにした。詰め所自体はバリの様式として、高床に座って気軽に話ができるようにし、クル・クル（kuru-kuru）という木の鐘を使って連絡をとる方法を採用した。パトロールではジャワのやり方を取り入れ、クントンガン（kentongan）という小型の木の鐘を鳴らしながらパトロールする方法とした。規則の多くは、かつて国家によって定められたものを取り入れハンドブックを作成し、各シスカムリンのリーダーが所持することとした。

国家によって採用された規則の一部を利用することで組織に大枠の共通性をもたせる一方で、メンバーの決め方はそれぞれのシスカムリンごとに独自のやり方をとることとなった（写真7―3）。あるシスカムリンでは、担当区域の人口を加味した当番制とし、日替わりで七人がパトロールにあたる。この七人は、地区内にある七つの小路（gang）から一人ずつ任命される。任命された七人のなかでパトロールの隊長を決め、さらにクントンガンを持つ者、ライトで照らす者、トランシーバーで連絡をとる者などの役割を決めた後、パトロールに出向く。他のシスカムリンでは、長は五年任期とされ、選挙によって選出される。その長が成員を選出し、その成員のなかで週ごとの当番制をとる。毎日八人がパトロールを担当するが、その際二人ずつ、四つのコースに分かれてパトロールを行う。なお、選挙において二番目の得票数の者は副長、三番目の者は宗教部門担当となる。特に、三番目の者は、さまざまな宗教行事にあわせた治安維持活動のやり方を、行事の実行委員等と協議して決定する。

Ｍ氏は、シスカムリンの方法やスタイルはオリジナルであっても、様々な外来者の共通項として、その活動のよりどころとして国家による規定が最低限必要であると考えた。なぜなら、バリの伝統的警備隊であるプチャランを鑑みた場合、その活動の基本としているものは伝統や慣習の中のわずかな規定のみであり、拡大解釈や暴走が可能であるという点で危険性をもっていた。Ｍ氏からみれば、ＰＫＤはプチャランを基軸として形成された点でバリ・ナショナリズムの危険性をもち、例えば空港への要人の送迎等、プチャランがもつ広すぎる権利をそのまま応用している面があった。加えて、かつてＰＫＤのメンバーのなかには、傲慢であったりすぐに暴力をもちだすようなメンバーもいたという。

写真7-3　シスカムリンによる夜警

出典：筆者による撮影（2009年6月）

注1）どちらもトゥバン地区内の新しいシスカムリン。片方は私服のまま身軽であるが、もう片方は制服を着用しており、打ち合わせの後にパトロールを行う。

注2）地区の内部には、急増する外来者を吸収するために長屋のような急ごしらえの家屋が並び、舗装されていない道も多く複雑に入り組んでいる

そのため、Ｍ氏によれば、上からのコントロールと下からのグラスルーツのバランス

が重要となる。シスカムリンは確かに、かつて中央集権体制の末端を担った制度であった。しかし、今日それを応用したからといって、政府や警察によって配置されるというものではないし、シスカムリンの原型としては、インドネシア建国以前の自発的・総合的な自警団であるという歴史を考慮すべきであるという。とはいえ、自警団の歴史的側面において、バリ島は近年、中央集権体制崩壊後、プチャランの活発化やアジェグ・バリというようにグラスルーツが強すぎる局面を体験してきた。そのため、今日の政府や警察による地域治安の再構成のなかで、グラスルーツから上に向かって自ら立ち位置を見つけ、どこに立つべきか、どのようなシステムであるべきかをみつける時である。

さらにM氏によれば、今日あるべきシスカムリンは、住民を相互に監視する仕組みなのではなく、その他のさまざまな自警団が機能分化し、その機能をきちんと担っているのか、いかなる権利を行使できるのか、傲慢であったり暴力的であったりしていないかといったことを相互にコントロールする仕組みになるべきである。そのなかで、多くの外来者が自らもバリの一部であることを意識し、バリが自らを食い荒らさないようにする調整役を担うことにもなる。そこでは警察さえ対象となる。M氏は次のような例をあげる。例えば、泥棒がいたとしよう。その泥棒に対して警察だけが対応した場合、いまだ賄賂によって事無きを得ることができるかもしれない。そもそも警察の新たなシステムは地方分権化・民主化以降ようやく動き出したばかりである(9)。かといって自警団だけでは、いまだリンチによる私刑さえ生じる。そこで、シスカムリンがＰＫＤに連絡、ＰＫＤがもつ権利のなかで容疑者を拘束、そのうえで警察に連絡し身柄を引き渡すといった連係が必要となる。

第5節　むすび

トゥバン地区では、多くの外来者と社会問題を前に、地域の安全に関するふたつの組織が形成された。そのひとつであるＰＫＤはトゥバン町行政により組織されたものであるが、プチャランを前身としたものであり、当初、プチャランと同様のバリ島ナショナリズムにもとづく排他性と権限の拡大という問題を抱えていた。そこに第5章において論じたBANKAMDESのプロジェクトが適用され、警察行政との接合が計られることとなった。もうひとつの動きが、バンジャール長のリーダーシップによって組織されたシスカムリンであり、トゥバン地区全体で多くの外来者とともに担われる活動となった。このシスカムリンは、地域をいかに取り締まるのか（ポリシング）というよりも、ポリシングのしくみづくりを通した地域社会参加であったとみることもできる。その基盤となる理念においては、グラスルーツから立ち位置を探ろうとするものでもあった。その理念の延長に、トゥバン地区から第三党の政治リーダーの輩出を可能とした点で、コミュニティ・ディベロップメントへと歩みだした事例であるといえよう。

第4章のサヌールの事例は、バンジャールに活動の基盤を据え直しながら、新しいスケールと地域像を共有することによって、多元的共同性の要素を近代的統治機構の相対化および地域開発へと普遍化したものであった。しかしながら、後にはBANKAMDESをとおした制度化に沿う形で、そのポテンシャルは限定されたものとなっていった。これに対して本章の事例は、成員の多様さを活かしてシスカムリン自体を多様なものとすることで、多元性の要素を生かしながらBANKAMDES（ＰＫＤ）をもそのなかに位置付け、それぞれの組織の関係性を探っていこうとする柔軟性をもつものであった。

改めて本書第2章第2節における多元的共同性の議論に遡ると、地域セキュリティ・システムに伴う官僚制的なヒエラルキーを一定程度相対化し、ヘテラルキカルな布置構成を形成しているという点で多元的共同性の特色が現れているといえる。同様に、伝統の新しい解釈を利用して政治的イデオロギーを形成し、地方政治における第三党としての立場へと結実させている点にも、多元的共同性の特徴をみてとることができよう。

今後の課題として、こうした地域セキュリティの試みも、二〇〇七年の時点ではなお展開の途上にあったという点である。今後、スミギタ三地区のバックヤードという立地にいかに影響し得るのか。すなわち、政治経済的な資源の調達がどのようになされるのか、外貨に直接晒される観光地区が目指されるというよりも、地域セキュリティがより多様な活動への引き金となって住民のセーフティネットを構成し得るかどうかに注目する必要があろう。

【注】

(1) 二〇〇八年一二月、二〇〇九年六月、二〇一〇年一月、二〇一〇年九月に行った各地区長への留め置きのアンケート調査より。調査についてはHishiyama (2012) も参照のこと。

(2) 元バンジャール・プサラカン長M氏へのインタビューによれば、かつての治安に対する警察による評価は、三段階中の最悪か、その次かという程度だったという。M氏の詳細については第4節を参照。

(3) PKDについては、二〇〇八年一二月、二〇〇九年六月、二〇一〇年一月、二〇一〇年九月に、PKDの詰め所にて、PKD顧問、PKD長、PKD隊員、シスカムリンのメンバー、元プサラカン・トゥバン長らにインタビューを行った。

(4) 小林 (二〇〇六) は、E・ホブズボームの議論を参照しながら、ゴトン・ロヨンという伝統が制度化される事例として、ジャワのロンダが自治性と共同性の表れとして日本軍政下において注目され、警防団に組み込まれていく過程を明らかにしている。水野 (二〇〇六：一一一-一一二) は、インドネシア語のロンダ (ronda) の語源が、巡回・巡視を意味するオランダ語のロンドゥ（ronde）にあり、オランダ植民地における制度の徹底があったことに触れている。
（5）水野（二〇〇六：一〇七‐一〇八）は、夜警としてのシスカムリンに地区ごとの多様性があることについて論じるなかで、西ジャワ州のバンドゥン県において、村落民警ハンシップが、隣組による夜警作業を補完し、村の入り口における来訪者管理、通行する車からの徴税、村全体の夜警作業の管理、隣組の連携作業を担っていることに言及しており、この場合は必ずしも中央集権体制の末端たるシスカムリンと夜警活動としてのシスカムリンが明確に区別されているわけではないといえる。
（6）トゥバン地区における新たなシスカムリンについては、二〇〇八年一二月、二〇〇九年六月、二〇一〇年一月、二〇一〇年九月に、M氏へのインタビュー、PKD顧問、PKD長、PKD隊員、シスカムリンのメンバーらにインタビューを行った。また、調査期間中に三つのシスカムリンの詰め所を訪れ、設備やメンバーについて視察するとともに、夜間パトロールに同行した。
（7）PD自体の歴史は新しく、二〇〇一年、メガワティ政権の下、政治・治安担当調整相に就いていたユドヨノ（Susilo Bmbang Yudhoyono）元大統領の得票の目的で設立された政党である。
（8）議席は、PDIP：一四、GOLKAR：一一、PD：九、その他五政党あわせて：六。
（9）中央集権体制下にあっては、国内の治安維持の任務のほとんどは国軍が担っていた。警察は陸・海・空につぐ第四軍という位置付けであったが、その権限はごくわずかであった。

終章

1．地域セキュリティの分水嶺：地域の新たな統治様式か、地域からのセキュリティか

本書は地方分権化の初動期のおよそ一〇年を射程とし、バリ島において生じた地域セキュリティをめぐる動きから、その基盤となる多元的な特徴を析出することを目的としてきた。この期間において、地域セキュリティは拡散から包摂へと急激に変化してきた。一方ではギャングによる縄張り争いや地域住民による実力行使のようなローカルな状況が垣間見え、他方では全国的な警察機構による新たな制度構築がなされてきた。本書はそこにみられるセキュリティの間隙・動態に社会学的観点をもちこみ、ローカルな実力行使が制御されながらも、国家的統治機構に回収・包摂される以前の地域社会・近隣住民組織の試みをモノグラフによって描き出すことによって、新たな地域セキュリティの可能性を見出す試みであったともいえる。

伝統的警備隊プチャランの活況は、セキュリティのゆらぎと強まるナショナリズムを背景として、ローカルな自警団が伝統へと収斂することで生じるものであった。その端緒は政党政治のガードマンという外部から与えられたイデオロギーによるものであり、この点で包摂の枠組みが既に据えられ、その後の警察による包摂への経路が敷かれたともいえる。その経路は、コミュニティ・ポリシングを冠したBANKAMDESによりいっそう具体的なものとなった。そ

こでは、散発するローカルな自警団に対しても、プチャランの「伝統」に対しても、「コミュニティ」や「自発性」、そのような志向性をもつインドネシアの「伝統」が枠組みとされることで両者を包摂し、そのうえで合理化された機構へと配置しなおすということが行われた。

これに対して、本書が着目した地域セキュリティの事例であるサヌールのティムスス、トゥバンのシスカムリンの特徴は、ローカルな枠組みを自ら設定したこと、自発性の多元的要素が見られること、セキュリティがツーリズムや地方政治における地域の向上を促すシステムへと展開していることにあった。ここには、諸要素をくみあわせて創造的に問題解決を図る、いわば「地域からのセキュリティ」を見出すことができる。その際の駆動因こそが多元的共同性である。もちろんその性質は、近代化のなかで組み替えられ、現在なお地域社会のコスモロジーを体現するシステムとして残存しているとは言い難い。しかしながらその諸要素として、意思決定や諸活動におけるバンジャール（サヌール）およびスカ組織（トゥバンのシスカムリン）の役割、行政単位としての地域枠組みの回避、近代的行政への直接的なイデオロギー的対立というよりも既存の伝統や価値を利用した新しい価値の創造が見出される。それら諸要素が複雑性をもち揺れ動くなかで様々な社会領域との節合可能性をもつとき、多元的共同性が創造的局面を発揮し得る。

それは、先攻研究が前提としてきた「治安維持」とは異なるものとして見出される。先攻研究では、近代官僚制国家によって動員される治安維持のシステム、あるいはその裏面としてのインフォーマルな暴力が前提とされていた。本書で扱ってきた「セキュリティ」はそのような前提を相対化しながらも、公的な治安維持システムへの対抗戦略としての地域社会という二項対立的な図式をとるものでもなかった。そのような図式は、治安維持システムと同じ地平に立つことによって、一面でそれを補強するような構造を固定化することになるからである。本書における「地域セキュリティ」は、むしろ、そうした構造からのズレと揺らぎを伴うものであった。それは、サヌールにおいて地域社会とツーリズムをつなぎ、トゥバンにおいては多文化の間を節合することにより政治的社会化の機会を担保するものとして見出された。

他方で、これまでは議論のなかにあり続けることで固定化を避けてきたバリ島文化が硬直し、道具的に利用されるとともに、制御なき治安維持活動の拡大を招いたが、このような動きにおいても、文化と政治をつなぐセキュリティの応用を見出すことができる。しかしながら、その実態は排他的傾向を加速させるイデオロギー対立という局面をもつものであり、グローバル化に対するバリ島地域社会の柔軟性・多元的共同性を減退させ、むしろ地域セキュリティとしての創造性を失う方向性をみせる。第7章の前半に事例としてとりあげたPKDもまた、同様の事例である。PKDの組織化の過程にはプチャランの影響が垣間見えたが、むしろそのことによって、近代的行政機構としての町（クルラハン）が、バリ島の伝統・慣習的地域構成をとおして道具的な制御を行使することを可能とした。同時に、多文化地区を把握する回路として構造化し得た。それは、伝統を介して地域のセキュリティを把握する統治の様態のひとつであった。

第7章の後半において論じた新たなシスカムリンは、バリ島とジャワ島それぞれの特徴をあわせもち、多文化要素を広く包摂することとなった。その試みをとおして、観光地区のバックヤードとしてのイメージとは異なる新たな地域像を生み出した。さらに、地域社会を代弁する第三党として、民主主義者党（PD）候補者の当選の一要因にもなり得た。この事例は、地域セキュリティ・システムにおいて諸要素・組織が位置付けられる、地域からのセキュリティとして評価可能である。

第4章において論じた、サヌールのティムススの活動もまた同様の特徴をもつ。サヌールでは、ヌサ・ドゥア等周辺観光地区の大規模開発と中央集権体制崩壊直後の混乱に対して、静けさ、古き良きバリというイメージ形成がなされた。それは、サヌール開発財団を基盤とし、中央集権体制下における危機を乗り越えながら、改めて地域の諸問題についての認識を共有し、地域社会の共同態をとりもどそうとする活動であった。その試みは、「私のサヌール、私たちのサヌール」という標語に集約される社会組成的空間を、行政単位としての郡・町・村ではなく、バンジャールを基盤として集合的に構築するものであった。この点において、トゥバン地区のシスカムリンと同様、地域からのセキュリティとして多元的共同性の現代的意義が見出された。

もっとも、そうした地域社会の動きは、より上位の行政単位や国家の動きと無関係ではない。揺らぎやズレを地域セキュリティ・システムとして結晶化ができないとき、それは道具的に過剰な形態をとり、制度化されることで硬直した治安維持体制を生み出す。それは、ポスト・スハルト期において、首尾一貫した治安維持体制に資する限りでのコミュニティの「多様性」や「自発性」が求められるなか、多元的共同性の動態ではなく形式が参照され、より技術的な側面が前面に押し出され、それを介して地域のセキュリティが位置づけられていくような統治の様態である。具体的には、サヌールにおいて、セキュリティに特化することによって生み出される地域像および地域経済が呼び込む外からの投資への自己表出としての「サヌール・サイバーヴィレッジ」構想、警察行政の再構成および地域社会の包摂を目的としたコミュニティ・ポリシング（BANKAMDES）、その後の国家によるパンスワカルサ（Pamswakarsa）への動員、監視カメラの設置とその後の衰退、それを通したデンパサール市政への従属の方向性という、新たな地域統制・統治の様式へと連なるものであった。

地域セキュリティが地域の自律的活動を基盤としながらコミュニティ・ディベロップメントをうみ、そのなかで（政治的）社会化の契機が生じ得るのか、地域社会に対する新たな統治様式となるのか。その分水嶺は、様々な要素を融合する動的な状況への対応、多元的共同性の要素がどのように活かされ維持されるのかに関わる。換言すれば、地方分権化における地域社会の可能性は、中央集権体制下にあった開発国家の庇護が薄れ、グローバル化に伴う社会の揺らぎに直接に対峙したとき、それを押しとどめたり固定化しようとする形式への収斂によるのではなく、多元的共同性の動態がもつ揺らぎからの創発性にかかっているといえる。

セキュリティの固定化は、揺らぎに対して即時的な安心と一見明快な回答を担保する手段として、伝統の排他性、セキュリティの技術的過剰を生じる。そのようなかたちで多元的共同性と地域セキュリティの分断あるいは固定化が生じるとき、地域社会は制度的な動員の単位として再構成される。それは、サヌールにおいてティムススが辿った道であった。むしろ地域セキュリティの可能性は、多元的共同性の変容のなかでその要素を応用しようとする活動のなかにある。それは、ティムススの活動とその後のイメージ形成のわずかな期間、光の当たる観光地の背後においてトゥバン地区のシスカムリンが多元性の要素となって活動している動態として看取されるものである。

改めて、冒頭にも記したように、本書はあくまで地方分権化が展開していくおよそ一〇年間のみを射程としており、インドネシアのコミュニティ・ポリシングについてもその全容を把握することはせず、あくまでサヌールのティムススの動員までを論じるものであった。そのため、今後、インドネシアのコミュニティ・ポリシングがどのような特徴をもちながら制度化されていくのか、サヌールの新たな自律的活動の可能性はあり得るのか、トゥバンにみられたセキュリティとそれを基盤とした政治的社会化および多文化状況の顛末等について、いっそうの研究の展開が待たれるところである。

2. 爆弾テロと地域セキュリティの行方

最後に、二度の爆弾テロに際したバリ島民の反応にもまた、揺らぎに直面し硬直化した排他的セキュリティを対置する志向性と同時に、地域社会の側からグローバルな揺らぎを位置づけようとする地域セキュリティへの志向性と、それに続くナショナルなセキュリティによる包摂という過程を見ることができよう。二〇〇二年一〇月一二日、クタの目抜き通りに駐車中の自動車が爆発し、その向かいにあったディスコが破壊され二〇二人の死者を出した。二〇〇五年一〇月一日再び、クタとレギャンでの自爆テロによって、日本人観光客一人を含む二〇人以上の死亡者が出た。二〇〇二年爆弾テロはイスラム国家建設を望むイスラム過激派によるものとされ、首謀グループの数人には死刑が確定した。二〇〇五年の爆弾テロについても同様の因果関係のもとに、容疑者の捜査が行われた。同時に、これらのテロを通して、インドネシア内の首謀イスラム過激派のグローバルなネットワークが浮かび上がり、テロへの世界的な警戒が強まった。

これ対してバリ島では、立て続けのテロに対する憤りがみられた。二〇〇五年の爆弾テロから間もなく、二〇〇二年のテロ首謀者らの死刑を早めることを要求するデモが行われ、参加者は要望書をバリ検察検事長に手渡した。検事長は要求に対して、デンパサール地裁に、死刑執行手続きの迅速化を伝えると述べた。テロに対する即時的な反応として、「犯人」への実力行使の要望の高まりは、一面で、テロに関する不安の要因を排除しようとする心性に基づくセキュリティの一形態であったといえよう。さらにその不安は、観光客の減少と観光業就労機会の減少という生活上の不安とともに、他島から出稼ぎにやってくる労働者の増加、都市化にともなう生活環境の変化、「バリらしさ」の揺らぎといった、現代バリ島が直面する社会変容に端を発する様々な不安となって増幅された。

以上のような反応の一方で、地元クタでは、慰霊祭が粛々と執り行われてきた。二〇〇七年一〇月一二日、『GENTA KEDAMAIAN 2007 LOVE AND PEACE FOR THE UNIVERSE』と記された横断幕がはためき、テロから五年目の慰霊祭が行われた。夕方にはパレードが催され、夜には平和の鐘、鈴の音が響くなか、厳かに祈りが捧げられた。慰霊祭のパンフレットに添付された、二〇〇七年一〇月六日の全国紙『コンパス』の記事「クタの苦しみ、私たちの苦しみ」は、クタの苦しみを世界の苦しみとして理解すべきこと、苦しみの報復は、転がり続ける雪玉のように膨れあがってしまうこと、むしろ、苦しみから助言を得て、自らの苦しみによって道を照らすことが必要であるということを訴えていた。また、慰霊碑が位置するレギャン通りには、「THE COMMUNITY OF LOCAL "DESA ADAT KUTA" WELCOME TO ALL OF YOU, WE ARE READY WITH LOVE AND PEACE FOREVER」の横断幕が所々に見受けられた。ここには、クタがひとつの慣習的な村（DESA ADAT）であると同時に、世界有数の観光地であり、それゆえ世界に対してメッセージを発信することが可能であるという、二つのスケールが同時に存在している様子をみてとることができよう。

バリ島は、グローバル・ツーリズムのなかで多様さと均質さの微妙なバランスを保ってきたが、そこに突如として生じた二度の爆弾テロは、バリが多様性を排除し、均質性へと向かおうとする契機にもなる。しかしその一方で、平和という普遍的な価値であっても、ただそこに飲み込まれるのではなく、それらとクタ自身の身近な、独自の価値とを接続していこうとする試みがあった。その具体化は、二〇〇七年の時点では祈りと祭礼の形をとり方向性を模索する途上にあるものであったが、これまでグローバル化と向き合ってきたバリの地域社会の経験が生かされる水路にもなり得るものであった。同時に、爆弾テロというグローバルな事件に対しても慣習や伝統は参照枠組みであり続けているが、ここにも地域セキュリティの分水嶺（経験の多元性か、伝統への収斂か）が生じているといえよう。

そこからさらに五年、最初の爆弾テロから一〇年目となる二〇一二年には、三、〇〇〇人から四、〇〇〇人の招待者を含む大規模な鎮魂祭が催された。その会場は、建設中の高さ二〇メートルのガルーダ・ウィスヌ・クンチャナ像（Garuda Wisnu Kencana：ＧＷＫ）が据えられた広場であった。ＧＷＫは、インドネシアで最も全高のあるモニュメントとして、ガルーダとそこに騎乗するウィスヌ神からなる高さ一二六メートル、米国の自由の女神像以上の高さをもつ像として計画され、一九九七年から着工された。しかしその後の、政変、経済危機、投資家の不在、さらにはバリ知識人層や活動家による反対等から一六年間建設が中断され、二〇一三年に再度建設が開始された。彫刻家であるニョマン・ヌアルタ（Nyoman Nuarta）が中心となり、一九九三年に政府から三〇〇億ルピアの援助、その後近年では開発ディベロッパーであるアラム・ステラ・リアルティ社（PT Alam Sutera Realty）からの投資四、五〇〇億ルピアの援助を受け、ＧＷＫ、会議場、ホール、レストラン、イベント開催施設などを含む六〇ヘクタールのＧＷＫカルチュラルパークとして完成を急いでいる（Bali Daily 24 July, 24 August 2013, Jakarta Post 18, 23 August 2013）。

鎮魂祭には犠牲者の全ての家族、ジャカルタにおいて生じたＪＷマリオット、リッツカールトンの爆弾テロ犠牲者家族等も招待された。当時のオーストラリア総理大臣ジュリアン・ギラード（Julian Gillard）、インドネシアとニュージーランドの外務大臣などを含む要人も招待され、その警備には一、五〇〇人以上の警官と軍人が招集された。さらにハイジャックやテロに対応するインドネシアの特殊部隊ＧＥＧＡＮＡの警備車両二台、装甲車一台が動員された。要人の挨拶では、寛容性、相互の理解、犠牲者の尊重、テロリズム根絶の意思などが確認された。これらの舞台、仕掛け、物々しさ、用いられる言葉は、爆弾テロというグローバルなリスクに対して、下からつみあがる動的な「劇場」の創出というよりも、セキュリティの技術・論理を空間化する「博物館」的な想像力の動員と、それにもとづくいっそう普遍的かつ国家的な枠組への接続を伺わせるものである。

あとがき

バリ島の地域セキュリティへの関心の端緒は、とある土産物店の女性店主が「最近はこのあたりも静かになって、商売がやりやすくなった」と語ってくれたことである。のんびりとしたサヌールの目抜き通りの風景に、新鮮なイメージが湧いてきた瞬間であった。しかもそうした静けさは、警察の取り締まり等行政によるものではなく、地域社会のスペシャル・チームの活動によるものであるという。その時まで私は、静けさや穏やかさが、サヌール、ひいてはバリの特徴なのだとどこかで思いこんでいるふしがあった。いっそう興味をそそられて、すぐにそのチームの詰所へと向かうこととなった。それは、初めてバリ島に渡航した翌年、二〇〇五年三月のことであった。

二〇〇四年夏の初めてのバリ島は、わずか二週間足らずの滞在であった。研究目的もろくに定まっていなかった私は、指導教員ひきいる調査チームに物見遊山でついてきたものの、後に調査パートナーとなるウダヤナ大学の同年代の講師と一緒にホテルのロビーに取り残され、途方にくれていた。とはいえ、彼が私と同じ年齢で同じようにそれほど背が高くなかったということが救いだったし、のんびりとした雰囲気のなかでゆっくりできたことで、焦る気持ちを多少なりとも和らげることができた。とにかく外に出て、ホテル近辺の土産物店でも物色しますかという感覚で、店員に最近の景気はどうかと尋ねて話を聞いてまわり、時にまじめな顔で時ににこやかに何やら話し込む彼らの様子を傍目にみながら、いまだ部外者である気楽さのままに椅子に座って通りを眺めたりしていた。フィールドワーカー気取りで目に付く食べ物を何でも食べてみた挙句、お腹をこわして三日間ベッドの上で過ごすというトラブルこそあれ、最初の滞在はおおかた大事もなく過ぎたように思う。年が明けて三月には二度目の滞在の機会を得て、同じように土産物店を回る中で、ふと聞こえてきた冒頭の言葉に導かれ、地域セキュリティについての研究を開始したのであった。

研究テーマを見つけ意気込んだ私は、二〇〇五年の夏からバリ島での長期滞在をはじめていた。その矢先、二〇〇五年一〇月一日の二度目の爆弾テロは強く記憶に残っている。当時、私はデンパサールの旧市街地に下宿していた。ある夜、ホストファミリーの家長が私の部屋を訪ねてきて、いつになく真剣な面持ちで、クタで爆弾テロがあったこと、しばらくは観光地や繁華街に近づかないほうが良いということを伝えていった。バリ島にいる友人や日本の家族に連絡をとろうとしたが電話は通じず、インターネットも外出しなければ使えない環境だったので、爆弾テロという実感もわかないままにテレビを眺めていた。テレビの映像も音声も激しく動揺する様子で、数日前に知人の車に乗って物見遊山で通り過ぎたその場所とも感じられなかったが、その端々に映し出される人びとに、警官、軍人、ガードマン、伝統的装束などが垣間見えた。そこには、テロという惨事をなんとかして各々に位置付けよう、安全・安心を取り戻そうとする多元的な状況が生じていたのかもしれない。

＊

私は中央集権体制時代のインドネシアを訪れたことがない。その点で、偉大な先人たちの研究が生み出されてきた時代背景にたいして、一種の憧憬のようなものを感じるところがある。とはいえ、初めてバリ島に滞在した二〇〇四年からわずか一〇年の間においても、バリ島の変化は尋常ならざるところがあったように思う。当時、私の調査パートナーであったウダヤナ大学の若手教員は、シートのヘッドレストが全て無くなった中古のセダンに乗っており、「車に乗っていると女性にモテる」と豪語してやまなかった。私たちはその角ばって車高の低いグレーのホンダで、意気揚々とフィールドに出向いた。排気量が大きなエンジンのおかげで昼間でもエアコンはよく効き、大きめの窓からは夕日が見えて、夜の街にはグレーの車体がよく溶け込んだ。彼の実家であるキンタマニーの山奥にも何度か連れて行ってもらったことがある。未舗装の悪路で底をすらないように、車は右へ左へとスラロームをくり返しながらゆっくり進んだ。足回りが硬くガツガツと揺れる車内で、彼の小学校時代には子供達が馬に乗って通学することも度々であったと聞いて、なるほど、この悪路には馬のほうが心強いかもしれないと思いをはせた。彼のセダンでデンパサールを駆け巡っていると、ベモと呼ばれる小型の乗り合いバスが、青や緑、オレンジ色の凹んだ車体で縦横に走っている様子、ドカールとよばれる馬車にカゴいっぱいのフルーツや野菜を乗せて行き交う人々を見かけることもあった。

そのうちに、オートマティックのバイクが浸透してきて、足元に荷物を載せることができるモデルが大ヒットした。自動車は新車で乗車人数六人以上の大型のものが増えていった。ベモもドカールも、角ばったセダンでさえほとんど見かけなくなり、交通渋滞が慢性化して、街をかけぬけるのとはほど遠い待ち時間に、会話もとぎれがちになった。ホテルやレストランでは生野菜のサラダを何の気もとめずに食べることができるようになった。かつてはフォークとナイフを必ずウェットティッシュで拭うほどであったが、衛生環境は観光地でさえ目に見えて向上した。電話ボックスを複数備える公衆電話業のワーテル、ブラウン管のモニターが並び、飲み物の冷蔵庫が無造作に置かれたインターネット・カフェもほとんど見かけなくなった（後者は若者向けのインターネット・ゲームを提供する場所として永らえているが）。以前のホテルの選択指針はワーテルとインターネット・カフェが近場にあることであったが、選択肢はそれほど多くなく、いずれにしてもバンガロー・タイプの部屋のバルコニーで、仕事の後のビールグラスを傾ける時間が心地よかった。今では、ますます増加しているシティ・ホテルの手狭で無機質な部屋で、無線ＬＡＮにつながったノートパソコンとにらめっこしている時間が多くなったように思う。本書は、急激に変化していくバリ島において、眼前に現れては消えていく社会現象の一部をどうにかすくい取り、結晶化して提示し、なにがしかの学びを得ようとするものであったともいえよう。

＊

本書は独立行政法人日本学術振興会より平成二九年度科学研究費補助金研究成果公開促進費（学術図書：課題番号17HP5170）の助成をうけて刊行されたものである。本書の基礎を成すのは二〇〇六年に東北大学へ提出された博士論文およびいくつかの論文である。以下にその初出を記載するが、全ての稿において大幅な加筆・修正がなされている。

序章　書き下ろし
第1章　書き下ろし
第2章　第1説・第5節　書き下ろし（以下各章第1節・第5節は書き下ろし）
第2章　第2節　『バリ島における地域セキュリティ・システムの社会学的研究――東アジアの「都市コミュニティ」の再定式化にむけて』（博士論文）
第2章　第3節　伊藤嘉高・齊藤綾美・菱山宏輔・吉原直樹、二〇〇五年三月、「バンジャールの組織的構成と機能――アンケート結果第一次報告」、『東北大学文学研究科研究年報』五四、一-四〇、菱山宏輔、二〇一二年三月、「第7章　ゲートを超えるバリ島のゲーテッド・コミュニティ」大西仁・吉原直樹監修、李善姫・中村文子・菱山宏輔編著『移動の時代を生きる——人・権力・コミュニティ』東信堂、二〇九–二四七。

第2章　第4節　菱山宏輔、二〇〇八年八月、「地方分権化時代のインドネシアにおける地域セキュリティ組織の展開——バリ島サヌールのティムススを事例として」、『アジア経済』四九（八）、二–二七。

第3章　第2節　菱山宏輔、二〇〇八年八月、「地方分権化時代のインドネシアにおける地域セキュリティ組織の展開——バリ島サヌールのティムススを事例として」、『アジア経済』四九（八）、二–二七、Hishiyama, Kosuke, 二〇一〇年一月、"Uneasy society in Indonesia : with special attention to the gated community and CCTV in Bali", Procedia - Social and Behavioral Sciences, 2 (1), 14-23.

第3章　第3節・第4節　『バリ島における地域セキュリティ・システムの社会学的研究——東アジアの「都市コミュニティ」の再定式化にむけて』（博士論文）。

第4章　第2節〜第4節　菱山宏輔、二〇〇八年八月、「地方分権化時代のインドネシアにおける地域セキュリティ組織の展開——バリ島サヌールのティムススを事例として」、『アジア経済』四九（八）、二–二七、菱山宏輔、二〇〇八年二月、「第6章　ポスト・スハルト期地域治安維持組織の位相」吉原直樹編著『グローバル・ツーリズムの進展と地域コミュニティの変容——バリ島のバンジャールを中心として』御茶の水書房、二四九–二八八、菱山宏輔、二〇〇九年三月、「ツーリズムと治安維持体制」倉沢愛子・吉原直樹編著『変わるバリ、変わらないバリ』勉成出版、一二九–一四三、Hihisyama, Kosuke, 二〇〇八年二月、"Local Security in Post-Suharto Bali : From Inequality to Equality of Participation", *Stratification and Inequality Series*

Volume 7, Status and Stratification : Cultural Forms in East and Southeast Asia, The Center for the Study of Social Stratification and Inequality, Tohoku University, Japan, Trans Pacific Press, 163–179.

第5章　第2節〜第4節　『バリ島における地域セキュリティ・システムの社会学的研究――東アジアの「都市コミュニティ」の再定式化にむけて』（博士論文）。

第6章　第2節〜第4節　『バリ島における地域セキュリティ・システムの社会学的研究――東アジアの「都市コミュニティ」の再定式化にむけて』（博士論文）、菱山宏輔、二〇〇九年三月、「ツーリズムと治安維持体制」倉沢愛子・吉原直樹編著『変わるバリ、変わらないバリ』勉成出版、一二九–一四三。

第7章　第2節〜第4節　Hishiyama, Kosuke, 二〇一二年二月、"Community and Regional Security in the Immigrant District of Bali Island", *Stratification and Inequality Series Volume 14, Global Migration and Ethnic Communities : Studies of Asia and South America*, The Center for the Study of Social Stratification and Inequality, Tohoku University, Japan, Trans Pacific Press, 84-105.

本書が完成に至るまでにはたくさんの方々からご支援頂いた。

本書の最も中心的なテーマは第4章に表れているが、その基盤は東北大学大学院時代の研究にあり、その際多くの先生や先輩方にご指導いただいた。

吉原直樹先生にはバリ島での研究をはじめる機会を頂くとともに、その後も叱咤激励頂きながら研究の展開を見守って頂き、本書の出版にたいするご助言も多く頂いた。グローバル化、モビリティ、セキュリティ等、都市社会学に基づく視点の多くは、吉原先生との対話のなかで錬磨されてきたものである。

佐藤嘉倫先生には東北大学文学研究科COE・GCOE「社会階層と不平等教育研究拠点」に加えて頂き、専攻をこえた研究交流の場を与えて頂いた。さらに東北大学国際高等融合領域研究所助教として文理融合を志す研究の展開にご支援頂いた。両プロジェクトおよび研究所での出会いや研究上の関心・観点は、現在でも大きな財産となっている。そのなかで二〇〇六年当時、社会学研究室の長谷川弘一先生、正村俊之先生、宗教学研究室の木村俊明先生、山田仁史先生、文化人類学研究室の嶋陸奥彦先生、沼崎一郎先生からも丁寧にご指導頂く機会を得ることができた。

バリ島での調査研究においても、多くの方々にご指導・ご協力いただいた。イ・マデ・ブディアナ先生、イ・カデ・アンタルチカ先生、ニ・クトゥットゥ・ウィドゥヤ・プルナワティ先生は、年齢が同じということもあってバリ島を初めて訪れたときから切磋琢磨しつつ、時に良き友として多大なるご助力を頂いた。イ・マデ・センドラ先生、ニ・ヌンガー・スアルティニ先生からも、専門的な知識とスキルに基づき貴重なご意見を頂き、やはり大切な友人としてお付き合い頂いた。

本書の研究はその他にも多くの先生方との交流からなるものである。今野裕昭先生、永野由紀子先生、初沢俊之先生、長谷部弘先生、ラファエラ・ドウィアント先生、菱山謙二先生、その他多くの先生から影響を頂いた。改めて感謝申し上げる。

本書の出版を引き受けていただいた御茶の水書房の小堺章夫氏には、出版の機会に先便をつけて頂くとともに完成まで根気づよく導いていて頂いた。深く御礼を申し上げる。

最後に、故奥田道大先生からは、本書に底流する都市社会学的・地域社会学的視点を頂いた。本書をお届けすることはできなかったが、ここに記して御礼申しあげたい。

文献

〈日本語文献〉

秋尾沙戸子、二〇〇〇、『運命の長女――スカルノの娘メガワティの半生』新潮社。

ドウィアント、ラファエラ・D.、一九九九、「都市暴動と自警団」『東北都市学会研究年報』一、三四-五一。

遠藤環、二〇〇三、「タイにおける都市貧困政策とインフォーマルセクター論――二元論を超えて」『アジア研究』四九（三）、六四-八五。

後藤乾一、一九九二、「インドネシアにおける国民統合とエスニシティ」『アジア研究』三八（四）、八一-一一〇。

犯罪対策閣僚会議、二〇〇三、「犯罪に強い社会の実現のための行動計画――『世界一安全な国、日本』の復活を目指して」

菱山宏輔、二〇〇八、「地方分権化時代のインドネシアにおける地域セキュリティ組織の展開――バリ島サヌールのティムススを事例として」『アジア経済』四九（八）：二-二七。

――、二〇〇九、「ツーリズムと治安維持体制」倉沢愛子・吉原直樹編『変わるバリ、変わらないバリ』勉成出版、一二九-四三。

――、二〇一一、「第6章　安全安心コミュニティと防災」吉原直樹編著『防災コミュニティの基層』御茶の水書房、一三一-六四。

――、二〇一二、「第7章　ゲートを超えるバリ島のゲーテッド・コミュニティ」大西仁・吉原直樹監修、李善姫・中村文子・菱山宏輔編著『移動の時代を生きる――人・権力・コミュニティ』東信堂、二〇九-二四七。

――、二〇一三、「一九六〇年代前半における東京都町内会の自治意識とその包摂――防犯灯問題から東京オリンピックへ」『地域社会学会年報』二六、九一-一〇四。

――、二〇一六、「地域防犯体制の構造転換――仙台市宮町民間交番を事例に」『社会学評論』六七（一）、八九-一〇五。

鏡味治也、二〇〇〇、『政策文化の人類学――せめぎあうインドネシア国家とバリ地域住民』世界思想社。

――、二〇一〇、「慣習村による移入者管理――変革期インドネシアの社会変化とバリ人アイデンティティ」、『東南アジア研究』四八（一）、三‐二四。

JTB総合研究所、二〇一二、「若者の生活と旅行意識調査」（https://www.tourism.jp/tourism-database/survey/2012/12/youth/）二〇一七年九月八日参照。

株式会社インフォプラント、二〇〇六、「『ビーチリゾート』に関するC-NEWS生活者調査」（http://c-news.jp/c-web/ShowArticle.do?did=ol&aid=00007807）二〇〇六年五月二四日参照。

株式会社リクルートマーケティングパートナーズ、二〇一二、「ゼクシィ海外ウエディング調査二〇一一」（bridal-souken.net/data/trend2011/XY_ow11_report.pdf）二〇一七年一〇月二日参照。

――、二〇一七、「ゼクシィ海外ウエディング調査二〇一七」（bridal-souken.net/data/trend2017/ow17_report.pdf）二〇一七年一〇月二日参照。

株式会社リクルートライフスタイル、二〇一三、「エイビーロード海外旅行調査二〇一三」（https://www.ab-road.net/research_center/release/misc/pdf/20130708_02.pdf）二〇一七年一〇月二日参照。

鎌倉健、二〇〇二、『産業集積の地域経済論――中小企業ネットワークと都市再生』勁草書房。

警察大学校学友会・安全問題研究会、二〇〇〇、『社会安全研究財団助成調査研究　諸外国におけるコミュニティポリッシングの実施状況』日工組社会安全研究財団。

小林和夫、二〇〇四、「インドネシアにおける『伝統』の実践とポリティックス――新秩序体制下のゴトン・ロヨン（相互扶助）と都市住民組織RT／RWの夜警をめぐって」『社会学評論』五五（二）、九八‐一一四。

――、二〇〇五、「スハルト新秩序体制末期のクルラハン政府と住民組織RT／RW――東ジャカルタ市の事例」『ヘスティアとクリオ』一、三九‐五六。

――、二〇〇六、「インドネシアにおける「創られた伝統」の萌芽と制度化の端緒――日本占領期ジャワにおけるゴトン・ロヨン（相互扶助）をめぐって」『東南アジア研究』四四（一）、五五‐七七。

間苧谷榮、二〇〇〇、『現代インドネシアの開発と政治・社会変動』勁草書房。

増原綾子、二〇一〇、『スハルト体制のインドネシア――個人支配の変容と一九九八年政変』東京大学出版会。

三隅一人、二〇一三、『社会関係資本――理論統合の挑戦』ミネルヴァ書房。

水野広祐、二〇〇六、「夜警と夜回り――ジャカルタにおける住民による安全確保とコミュニティ」『アジア遊学』九〇、一〇六-一一六。

村上陽一郎・市野川容孝、一九九九、「安全性をめぐって」『現代思想』二七（一一）、七〇-九一。

永渕康之、二〇〇七、『バリ・宗教・国家――ヒンドゥーの制度化をたどる』青土社。

永野由紀子、二〇〇九、「エスニシティと移住者」倉沢愛子・吉原直樹編『変わるバリ、変わらないバリ』勉成出版、一四六-一六五。

中村潔、二〇〇九、「バリにおける伝統と近代」倉沢愛子・吉原直樹編『変わるバリ、変わらないバリ』勉成出版、五二-六八。

岡本正明、二〇〇六、「分権化に伴う暴力集団の政治的台頭――バンテン州におけるその歴史的背景と社会的特徴」杉島敬志・中村潔編『現代インドネシアの地方社会――ミクロロジーのアプローチ』NTT出版、四三-六六。

奥田道大、二〇〇〇、「『ストリート・コーナー・ソサエティ』解題」William Foote Whyte, [1943] 1993, *Street Corner Society*, Chicago：The University of Chicago Press.（＝二〇〇〇、奥田道大・有里典三訳『ストリート・コーナー・ソサエティ』有斐閣。）

齊藤綾美、二〇〇九、『インドネシアの地域保健活動と「開発の時代」――カンポンの女性に関するフィールドワーク』御茶の水書房。

鈴木勝、二〇〇〇、「通貨危機下のツーリズムの変容と主要国における振興政策」『大阪明浄大学紀要』開学記念特別号、五七-六四。

田中夏子、二〇〇四、『イタリア社会的経済の地域展開』日本経済評論社。

田坂敏雄、一九八九、『東南アジアの開発と労働者階級の形成』勁草書房。

山下晋司、一九九二、「「劇場国家」から「旅行者の楽園」へ――20世紀バリにおける「芸術-文化システム」としての観

光」『国立民族学博物館研究報告』一七（一）、一-三三。

――、一九九九『バリ　観光人類学のレッスン』東京大学出版会。

吉原直樹、二〇〇六、「Urban Banjarの一存在形態――デンパサール市のある事例分析から」『ヘスティアとクリオ』三、五一-七五。

――、二〇〇八、『モビリティと場所　21世紀都市空間の転回』東京大学出版会。

――、二〇〇九、「バリ・コミュニティと多元的集団構成」倉沢愛子・吉原直樹編『変わるバリ、変わらないバリ』勉成出版。


〈インドネシア語文献〉

Astiti, Tjok Istri Putra, 2010, *Desa Adat Menggugat dan Digugat*, Denpasar：Udayana University Press.
Badan Pusat Statistik Kota Denpasar, 2000, *Kecamatan Denpasar Selatan dalam Angka 2000*.
――, 2010, *Hasil Sensus Penduduk 2010*.
Badan Pusat Statistik Propinsi Bali, 2000, *Bali dalam Angka：Bali in Figures 2000*.
――, 2001. *Bali dalam Angka：Bali in Figures 2001*.
――, 2006, *Bali dalam Angka：Bali in Figures 2006*.
――, 2010, *Bali Dalam Angka 2010*.
Bali Garden Hotel, 2007, *Surat Dukungan untuk Progaram Bali Beagle Patrol dan Jadwal program：No. 01/BGH-EO/VIII/07*.
Bali Post, 2000, "Tabanan Miliki 'Pecalang' Saka Bhuana Sakti." June 16.
――, 2001, "Tertibkan Besakih, Desa Adat Turunkan Pecalang." April 18.
――, 2005, "Hansip Diganti 'Pecalang' Kaburkan Fungsi Dinas dan Adat." January 21.
――, 2005, "Bendesa Pakraman Bahas Pilkada 'Ngebug Kulkul' Boleh, Libatkan Pecalang juga Boleh." June 13.
――, 2005, "Bankamdes, Strategi Cegah Peredaran Narkoba." Juli 19.

———, 2005, "Bankamdes, Strategi Amankan Desa Pakraman" September 25

———, 2005, "Kehadiran Bankamdes Antisipasi Meluasnya Preman." Agustus 22.

———, 2005, "Pelatihan Bankamdes." Augustus 23.

———, 2005, "Bankamdes Dilantik Amankan Legian." Agustus 23.

———, 2005, "Bankamdes Jimbaran Dilantik." November 3.

———, 2006, "Bankamdes Terancam Mati Suri." Maret 1.

———, 2006, "Bankamdes Sanur Dikukuhkan." Maret 7.

———, 2006, "Potas Ikan Hinas, Ditangkap Pecalang Laut," June 27.

Denpost, 2006, "Bankamdes Kuta Diingatkan tak Lakukan Pungutan Liar." Maret 2.

———, 2009, "Tuban Dinilai masih Kalah Jauh dari Samigita," January 3.

———, 2009, "Demokrat Geser Dominasi PDIP di Tuban," April 13.

Desa Dangin Puri Klod, 2005, *Profil Desa/Kelurahan : Daftar Isian Data Dasar Profil Desa/Kelurahan.*

———, 2007, *Profil Desa/Kelurahan: Daftar Isian Data Dasar Profil Desa/Kelurahan.*

Desa Pakraman Tuban, 2004, *Surat Perintah Desa Pekraman Tuban. No.01/DAT-PW/X/2004.*

———, 2006a, *Struktur Pengurus Petugas Keamanan Desa (PKD).*

———, 2006b, *Pepalihan Prajuru Pecalang Desa Pakraman Tuban Warsa 2006–2009.*

Desa Sanur Kaja, 2000, *Profil Desa/Kelurahan : Daftar Isian Data Dasar Profil Desa/Kelurahan.*

Desa Sanur Kauh, 2000, *Profil Desa/Kelurahan : Daftar Isian Data Dasar Profil Desa/Kelurahan.*

Dinas Tata Kota dan Tata Bangunan, 2008, "RENCANA TEKNIS PUSAT KOTA (PERATURAN ZONASI KAWASAN PUSAT KOTA)"

———, 2001–2010, *Data Pemohon Ijin Pengkapling Tanah di Kota Denpasar Tahun 2001–2010.*

———, 2004–2010, *Data-Data Realisasi Penertiban Bangun-Bangunan dari Bulan Januari S/D Desember 2004–2010.*

Dinas Pariwisata, 1998a, *Laporan Bahan Rapat BK3S pada tanggal 5 Mei 1998.*

———, 1998b, *Laporan Hasil Rapat BK3S Tanggal 5 Mei 1998 di Hotel The Grand Bali Beach.*

Kabpaten Badung, 2001, *Peraturan Daerah Kabpaten Badung Nomor 5 Tahun 2001 tentang Penyelenggaraan Pendaftaran Penduduk.*

Kabpaten Badung, 2003, *Peraturan Daerah Kabpaten Badung Nomor 3 Tahun 2003 tentang Perubahan Pertama Kali Perda No.5 Tahun 2001.*

Kelurahan Sanur, 2000, *Profil Desa/Kelurahan : Daftar Isian Data Dasar Profil Desa/Kelurahan.*

Kelurahan Tuban, 2000, *Profil Kelurahan Tuban 2000.*

———, 2006, *Struktur Pengurus Petugas Keamanan Desa (PKD) Desa Pakraman Tuban.*

———, 2007, *Profil Kelurahan Tuban 2007.*

Kepolisian Negara Republik Indonesia, 2005a, *Kebijakan dan Strategi Penerapan Model Perpolisian Masyarakat dalam Penyelenggaraan Tugas Polri : Surat Keputusan Kapolri No.Pol. : Skep/737/X/2005 tanggal 13 Oktober 2005.*

———, 2005b, *Surat Keputusan Kepolisian Negara Republik Indonesia Daerah Bali Kota Besar Denpasar No.Pol. : SKEP/26/VII/2005 tentang Pembentukan Bantuan Keamanan Desa, Desa Adat Yangbatu dan Desa Adat Denpasar.*

———, 2006a, *Panduan Pelaksanaan Fungsi Intelijen Keamanan dengan Pendekatan Perpolisian Masyarakat (POLMAS), Seri POLMAS : 737-2A, Surat Keputusan Kapolri No. Pol. : Skep/432/VII/2006, Tanggal 1 Juli 2006.*

———, 2006b, *Panduan Pelaksanaan Fungsi Reskrim dengan Pendekatan Perpolisian Masyarakat (POLMAS), Seri POLMAS : 737-2B, Surat Keputusan Kapolri No. Pol. : Skep/432/VII/2006, Tanggal 1 Juli 2006.*

———, 2006c, *Panduan Pelaksanaan Fungsi Samapta dengan Pendekatan Perpolisian Masyarakat (POLMAS), Seri POLMAS : 737-2C, Surat Keputusan Kapolri No. Pol. : Skep/432/VII/2006, Tanggal 1 Juli 2006.*

———, 2006d, *Panduan Pelaksanaan Fungsi Lalu Lintas dengan Pendekatan Perpolisian Masyarakat (POLMAS), Seri POLMAS : 737-2D, Surat Keputusan Kapolri No. Pol. : Skep/432/VII/2006, Tanggal 1 Juli 2006.*

———, 2008, *Peraturan Kepala Kepolisian Negara Republik Indonesia Nomor7 Thun 2008 tentang Pedoman Dasar Strategi dan Implementasi Pemolisian Masyarakat dalam Penyelenggaraan Tugas Polri.*

Kepolisian Negara Republik Indonesia Daerah Bali Kota Besar Denpasar, 2006a, *Pembentukan Bantuan Keamanan Desa (BANKAMDES) sebagai Wujud*

Nyata Peran Masyarakat dalam Menjaga Keamanan Lingkungan.

———, 2006b, *Pedoman Bantuan Keamanan Desa (BANKAMDES)*.

———, 2006c, *Pembentukan Bantuan Keamanan Desa Yayasan Pembangunan Sanu.*

Kepolisian Daera Bali Kota Besar Denpasar Sektor Denpasar Selatan, 2007, *Sektor Pengamanan Swakarsa Kawasan Wisata Sanur Polsek Denpasar Selatan.*

Kepolisian Kota Besar Denpasar Sektor Denpasar Timur, 2005, *Laporan Kegiatan Babinkamtibmas.*

KOMPAS, 2000, "Tanpa Kehadiran 'Pecalang', Bali Sudah Rusuh." November 28.

Kordinator BANKAMDES, 2005, *Laporan Pasca Pelantikan BANKAMDES Desa Pakraman Yangbatu dan Desa Dangin Puri Klod dan Kecamatan Denpasar Timur.*

Lingkungan Pesalakan Tuban, 2006, *Registest KIPS dan STPPTS.*

Naradha, ABG Satria ed., 2004, *Ajeg Bali : Sebuah Cita-cita*, Denpasar : Bali Post.

Palguna, Dharma ed., 2006, *Bom Teroris dan "Bom Sosial" : Narasi Dari Balik Harmoni Bali, Perspektif Korban dan Relawan*, Denpasar : Kanaivasu Press.

Propinsi Bali, 2001, *Peraturan Daerah Propinsi Bali Nomor 3 Tahun 2001 Tentang Desa Pakraman.*

Presiden Republik Indonesia, 1998, *Peraturan Pemerintah Republik Indonesia Nomor 6 Tahun 1998 Tentang Polisi Pamong Praja.*

Soethama, Gde Aryantha, 2004, *Bali Tikam Bali*. Denpasar : Arti Foundation.

Suryawan, I Ngurah, 2005, *Bali, Narasi Dalam Kuasaan : Politik & Kekerasan di Bali*. Yogyakarta : Ombak.

TEMPO, 2005, "Pam Swakarsa, Hidup Lagi", Juni 10.

———, 2005, "Jawa Timur Sepakat Hidupkan Pam Swakarsa", November 23.

Walikota Denpasar, 1997, *Rencana Pembiayaan Operasional Badan Koordinasi Keamanan Kawasan Sanur (BK3S)*.

———, 1999, *Keputusan Walikotamadya Kepala Daerah Tingkat II Denpasar tentang Susunan Keanggotaan Pengurus Badan Koordinasi Keamanan Kawasan Pariwisata Sanur di Wilayah Kotamadya Daerah Tingkat II Denpasar.*

———, 2000a, *Keputusan Walikota Denpasar Nomor 579 Tahun 2000 Tentang Pemberian Honorarium Kepada Tenaga Satpam Badan Koordinasi Keamanan Kawasan Sanur* (*BK3S*) *Kota Denpasar Tahun 2000*.

———, 2000b, *Peraturan Daerah Kota Denpasar Nomor 3 Tahun 2000*.

Widnyani, Nyoman and I Ketut Widia, 2002, *Ajeg Bali : Pecalang dan Pendidikan Budi Pekerti*, SIC.

YPS (Yayasan Pembangunan Sanur), 1988, *Keputusan Musyawarah Kerja II Yayasan Pembangunan Sanur*.

———, 1999, *Surat Keputusan Yayasan Pembangunan Sanur Tentang : Bantuan Kepada Badan Koordinasi Keamanan Kawasan Sanur*.

———, 2000a, *Materi Musyawarah Kerja III Yayasan Pembangunan Sanur Tahun 2000*.

———, 2000b, *Keputusan Musyawarah Kerja III Yayasan Pembangunan Sanur Nomor : 05/Muker. III/YPS/VI/2000 Tentang Pengesahan Pertanggungjawaban Ketua Umum YPS Period 1988–2000*.

———, 2000c, *Laporan Perihal Mohon Bantuan Tenaga, Nomor : 03/TK-YPS/XII/2000*.

———, 2000d, *Laporan Perihal Sosialisasi, Nomor : 07/TK-YPS/XII/2000*.

———, 2000e, *Seruan kepada Pedagang Acung dan Asongan di Kawasan Sanur, Nomor : 1. a/YPS/XII/2000*.

———, 2000f, *Proposal Diskusi Panel 2000 : Sanur Kami, Sanur Kita : Mengembalikan Citra Pariwisata Sanur*.

———, 2005a, *Materi Musyawarah Kerja IV Yayasan Pembangunan Sanur Tahun 2005*.

———, 2005b, *Keputusan Musyawarah Kerja IV Yayasan Pembangunan Sanur Nomor : 05/Muker. IV/YPS/IV/2005 Tentang Pengesahan Pertanggung Jawaban Pengurus Yayasan Pembangunan Sanur Periode 2000–2005*.

———, 2005c, *Keputusan Musyawarah Kerja IV Yayasan Pembangunan Sanur Nomor : 04/Muker. IV/YPS/IV/2005 Tentang Program Kerja Yayasan Pembangunan Sanur Periode 2005–2010*.

———, 2006a, *Berita Acara Serah Terima Barang : 028/258/PERLENG/2006*.

———, 2006b, *Sanur Surveillance System : Integrasi Sistem Pengawasan Dengan Jaringan CCTV*.

———, 2006c, "Sanur Kami Sanur Kita" (パワーポイント資料).

———, 2009, *Mohon Bantuan Dana Pemeliharaan : 21/1.a/YPS/II/2009*.

〈英語文献〉

Anderson, Benedict R. O'G., 1972, "The Idea of Power in Javanese Culture," Claire Holt ed., *Culture and Politics in Indonesia*, Ithaca, NY：Cornell University Press, 1–69.

———, 1983, "Old State, New Society：Indonesia's New order in Comparative Historical Perspective," *Journal of Asian Studies*, 477–496.

———, 1990, *Language and Power：Exploring Political Cultures in Indonesia*, New York：Cornell University Press（＝一九九五、中島成久訳『言葉と権力——インドネシアの政治文化探求』日本エディタースクール出版部）

Anderson, Elijah, 1990, *Streetwise：race, class, and change in an urban community*, Chicago：University of Chicago Press.（＝二〇〇三、奥田道大、奥田啓子訳『ストリート・ワイズ——人種／階層／変動にゆらぐ都市コミュニティに生きる人びとのコード』ハーベスト社。）

Barker, J., 1999, "Surveillance and Territoriality in Bandung," Vicente L. Rafael ed., *Figures of Criminality in Indonesia, the Philippines, and Colonial Vietnam*, New York：Cornell Southeast Asia Program Publications, 95–127.

———, 2001, "State of Fear：Controlling the Criminal Contagion in Suharto's New Order," Benedict R. O'G. Anderson ed., *Violence and the State in Suharto's Indonesia*, Ithaca：Southeast Asia Program, 20–53.

Barker, Joshua and Gerry van Klinken, 2009, "Reflections of the State in Indonesia," Gerry Klinken van and Joshua Barker eds.. *State of Authority：State in Society in Indonesia*, Ithaca, NY：Cornell University Southeast Asia Program Publications.

Barth, Frederik, 1993, *Balinese Worlds*, Chicago：The University of Chicago Press.

Bauman, Zygmunt, 2001, *Community：Seeking Safety in an Insecure World*, Cambridge：Polity Press.（＝二〇〇八、奥井智之訳『コミュニティ——安全と自由の戦場』筑摩書房。）

Beck, Ulrich, 2002, *Das Schweigen der Wörter：Über Terror und Krieg*, Frankfurt：Suhrkamp.（＝二〇〇三、島村賢一訳『世界リスク社会論：テロ、戦争、自然破壊』平凡社。）

Benest, F., 1996, "Serving customers or engaging citizens：What is the future of local government?", *Public Management*, 78, 6–10.

Bloom, J., 1996, "A South African Perspective of the Effects of Crime and Violence on the Tourism Industry", A. Pizam and Y. Mansfeld eds., *Tourism,*

Crime and International Security Issues, London : John Wiley and Sons, 91–102.

Bourchier, 1990, "Crime, Law and State Authority in Indonesia", Arief Budiman ed., *State and Civil Society in Indonesia*, Australia : Aristoc Press, 177–214.

Burt, Ronald S., 1992, *Structural Holes*, Cambridge : Harvard University Press.

Chaskin, R.J., 2003, "Fostering neighborhood democracy: Legitimacy, accountability within loosely coupled systems", *Nonprofit and Voluntary Sector Quarterly*, 32, 161–189.

Cole, William E. and Bichaka Fayissa, 1991, "The urban subsistence labor force : Toward a policy-oriented and empirically accessible taxonomy", *World Development*, 19 (7), 779–789.

Crumley, Carole L., 1995, "Heterarchy and the Analysis of Complex Societies", *Archeological Papers of the American Anthropological Association*, 6 (1), 1–5.

Cukier, J, 1996, "Tourism employment in Bali : Trends and implication", R. Butler and T. Hinch eds., *Tourism and Indigenous Peoples*, London : International Thomson Business Press, 49–75.

———, 1998a, "Tourism Employment and Shifts in the Determination of Social Status in Bali : The case of the 'guide'", Greg Ringer ed., *Destinations : Cultural landscapes of tourism*, London and New York : Routledge, 63–79.

———, 1998b, "Tourism employment and the urbanization of coastal Bali", M. Miller and J. Auyoung eds., *Proceedings of the 1996 Congress on Coastal and Marine Tourism*, 19–22 June 1996, Honolulu, Hawaii, USA, 296–302.

Cukier, J. and G. Wall, 1994a, "Informal Tourism employment : Vendors in Bali, Indonesia", *Tourism Management*, 15 (6), 464–467.

———, 1994b, "Tourism employment in Bali, Indonesia", *Tourism Recreation Research*, 19 (1), 32–40.

———, 1995, "Tourism employment in Bali : A gender analysis", *Tourism Economics*, 1 (4), 389–401.

Cukier-Snow, J. and G. Wall, 1993, "Tourism Employment : Perspectives from Bali", *Tourism Management*, 14 (3), 195–201.

Cukier, Judie, Joanne Norris and Geoffrey Wall, 1996, "The involvement of women in the tourism industry of Bali, Indonesia" *The Journal of Development Studies*, 33 (2), 248–270.

Daring, D., 2003, "Unity in Uniformity：tendencies toward militarism in Balinese ritual life," Thomas A. R. ed., *Inequality, Crisis and Social Change in Indonesia*, London：Routledge Curzon, 196–202.

Davidson, Jamie S. and Henley David eds., 2007, *The Revival of Tradition in Indonesian Politics：The Deployment of Adat from Colonialism to Indigenism*, London：Routledge.

Dillon, M., 1996, *Politics of Security*, London：Routledge.

Eiseman, Fred B., 1989, *Bali：Sekala & Niskala Volume I：Essays on Religion, Ritual, and Art*, Singapore：Periplus Editions.

Emmerson, Donald K., 1983, "Understanding the New Order：Bureaucratic Pluralism in Indonesia," *Asian Survey*, 23 (11), 1220–1241.

Etzione, Amitai, 2001, *Next：The Road to the Good Society*, Cambridge：Basic Books.（＝二〇〇五、小林正弥訳『ネクスト――善き社会への道』麗澤大学出版会。）

Ericson, R. V. and K. D. Haggerty, 1996, *Policing the Risk Society*, Toronto：University of Toronto Press.

Garland, David, 2001, *The Culture of Control：Crime and Social Order in Contemporary Society*, Chicago：The University of Chicago Press.

Geertz, Hildred and Clifford Geertz, 1975, *Kinship in Bali*, Chicago：The University of Chicago Press.（＝一九八九、鏡味治也・吉田禎吾訳『バリの親族体系』みすず書房。）

Geertz, Clifford, 1959, "The Javanese Village," G. William Skinner ed., *Local, Ethnic, and National Loyalties in Village Indonesia*, New Haven：Southeast Asian Program, Yale University, 34–41.

———, 1963, *Peddlers and Princes：Social Development and Economic Changes in Two Indonesian Towns*, Chicago：University of Chicago Press.

———, 1980, *Negara：The Theatre State in Nineteenth-Century Bali*, New Jersey：Princeton University Press.（＝一九九〇、小泉潤二訳『ヌガラ――19世紀バリの劇場国家』みすず書房。）

Giddens, A., 1985, *The Nation-State and Violence*, Cambridge：Polity Press.（＝一九九九、松尾清文・小幡正敏訳『国民国家と暴力』而立書房。）

Glaser, Mark A. and Janet Denhardt, 2010, "Community Policing and Community Building: A Case Study of Officer Perceptions", *The American Review of Public Administration*, 40 (3), 309–325.

Hall, C. Michael and Vanessa O'Sullivan, 1996, "Tourism, Political Instability and Violence", Abraham Pizam and Yoel Mansfeld eds., *Tourism, Crime and International Security Issues*, New York：John Wiley, 105–121.

Hall, C. Michael, Dallen J. Timothy, David Timothy Duval, 2003, *Safety and security in tourism：relationships, management, and marketing*, New York：Haworth Hospitality Press.

Hishiyama, Kosuke, 2008, "Local Security in Post-Suharto Bali：From Inequality to Equality of Participation," M. Shima ed., *Status and Stratification：Cultural Forms in East and Southeast Asia*, Stratification and Inequality Series, Volume 7, The Center for the Study of Social Stratification and Inequality, Tohoku University, Japan, Melbourne：Trans Pacific Press, 163–79.

———, 2010, "Uneasy society in Indonesia：with special attention to the gated community and CCTV in Bali," *Procedia - Social and Behavioral Sciences*, 2 (1), 14–23.

Hobart, Mark, 1990, "Who Do You Think You Are? The Authorized Balinese," in *Localizing Strategies：Regional Traditions of Ethnographic Writing*, Richard Fardon ed., Edinburgh：Scottish Academic Press, 303–338.

Hobart, Angela, Urs Ramseyer and Albert Leemann, 1996, *The peoples of Bali*, Oxford：Blackwell.

Hobsbawm, Eric J., 1969, *Bandits*, New York：Delacorte Press.（＝二〇一一、船山榮一訳『匪賊の社会史』ちくま学芸新書。）

ILO, 1972, *Employment, Incomes and Equity：a Strategy for Increasing Productive Employment in Kenya*, Geneva：ILO.

Jacobs, Jane, 1961, *The death and life of great American cities*, Harmondsworth：Penguin.（＝一九六九、黒川紀章訳、『アメリカ大都市の死と生』鹿島研究所出版会。）

Jakarta Post, "Bali plans to improve public transport", 2010. 2. 3.

———, "Denpasar city residents face tap water shortage", 2010. 5. 24.

———, "House waste a community responsibility, says mayor", 2010. 6. 28.

———, "Denpasar struggles to preserve open, green sanctuaries", 2011. 7. 27.

Kelling, G. L. and C. M. Coles, 1997, *Fixing Broken Windows：Restoring Order and Reducing Crime in Our Communities*, New York：Simon & Schuster.（＝二〇〇四、小宮信夫訳『割れ窓理論による犯罪防止――コミュニティの安全をどう確保するか』文化書房

博文社。）

Lansing, Stephen, 2012, *Perfect Order : Recognizing Complexity in Bali*, Princeton : Princeton University Press.

Lyon, David, 2001, *Surveillance Society : Monitoring everyday life*, Buckingham : Open University Press. （＝二〇〇二、川村一郎訳『監視社会』青土社。）

———, 2007, *Surveillance Studies : An Overview*, Cambridge : Polity Press. （＝二〇一一、田島泰彦・小笠原みどり訳『監視スタディーズ』岩波書店。）

———, 2009, *Identifying Citizens*, Cambridge : Polity Press. （＝二〇一〇、田畑暁生訳『膨張する監視社会——個人識別システムの進化とリスク』青土社。）

MacDougall, 2003, "Criminality and the political economy of security in Lombok", Nordholt, Henk Schulte and Gerry van Klinken eds., *RENEGOTIATING BOUNDARIES : Local politics in post-Soeharto Indonesia*, Leiden : KITLV Press, 281-304.

McGuire, R.H., 1983, "Breakingdown cultural complexity : inequality and heterogeneity", M. B. Schiffer ed., *Advances in Archaeological Method and Theory*, 6, 91-142, New York : Academic Press.

Nordholt, Henk Schulte, 1991, "The Jago in the Shadow : Crime and 'Order' in the Colonial State in Java," *Review of Indonesian and Malaysian Affairs*, 25 (1), 74-92.

———, 1996, *The spell of power : A history of Balinese politics 1650-1940*, Leiden : KITLV Press.

———, 2004, "Comment on Clifford Geertz, 'What is a State if It is not a Sovereign?'", *Current Anthropology*, 45 (5), 590-591.

———, 2005, 'Bali : an Open Fortress,' I Ngurah Suryawan, *Bali, Narasi Dalam Kuasaan : Politik & Kekerasan di Bali*, Yogyakarta : Ombak, xiv-xxiv.

———, 2007, "An Open Fortress", Nordholt, Henk Schulte and Gerry van Klinken eds., *Renegotiating Boundaries : Local politics in post-Soeharto Indonesia*, Leiden : KITLV Press, 387-416.

Nordholt, Henk Schulte and Gerry van Klinken eds., 2007, *Renegotiating Boundaries : Local Politics in Post-Suharto Indonesia*, Leiden : KITLV Press.

Parker, Lyn, 2003, *From Subjects to Citizens : Balinese Villagers in the Indonesian Nation-State*, Copenhagen : Nordic Institute of Asian Studies Press.

Pemberton, John, 1994, *On the Subject of "Java"*, Ithaca, NY：Cornell University Press.

Picard, Michel, 1983, *Community Participation in tourist activity on the Island of Bali：Environment, ideologies and practices*, Paris：UNESCO.

———, 1996, *BALI：Cultural Tourism and Touristic Culture*, Singapore：Archipelago Press.

Pizam, Abraham and Yoel Mansfeld eds., 1996, *Tourism, Crime and International Security Issues*, Chichester：John Wiley & Sons.

Porter, Donald J., 2002, *Managing Politics and Islam in Indonesia*, New York：RoutledgeCurzon.

Putnam, Robert D., 2000, *Bowling Alone：The Collapse and Revival of American Community*, New York：Simon & Schuster.（＝二〇〇六、柴内康文訳『孤独なボウリング――米国コミュニティの崩壊と再生』柏書房。）

Reuter, Thomas A., 1999, "People of the Mountains, People of the Sea：Negotiating the Local and the Foreign in Bali," Raechelle Rubinstein and Linda H. Connor eds., *Staying Local in the Global Village*, Honolulu, University of Hawai' i Press, 155–180.

Rice, R. C., 1997, "The Indonesian urban informal sector：Characteristics and growth from 1980 to 1990", *Journal of Population*, 3 (1), 37–65.

Robinson, Geoffrey, 1995, *The Dark Side of Paradise：Political Violence in Bali*, Ithaca, New York：Cornell University Press.

Ryter, Loren, 1998, "Pemuda Pancasila：The Last Loyalist Free Men of Suharto's Order?," *Indonesia*, 66, 44–73.

Sandel, Michael J., 1996, "In Search of a Public Philosophy", *Democracy's Discontent：America in Search of a Public Philosophy*, Cambridge：Harvard University Press.（＝一九九九、中野剛充訳「公共哲学を求めて――満たされざる民主主義」『思想』九〇四、三四–七二。）

Schoenfelder, John W., 2000, "The Co-Evolution of Agricultural and Sociopolitical Systems in Bali", *Bulletin of the Indo-Pacific Prehistory Association*, 20, 35–47.

———, 2005, "New dramas for the theatre state：the shifting roles of ideological power sources in Balinese polities", *World Archaeology*, 36 (3), 399–415.

Sennett, Richard, 1998, *The Corrosion of Character*, New York：W. W. Norton & Company.（＝一九九九、斎藤秀正訳『それでも新資本主義についていくか――アメリカ型経営と個人の衝突』ダイヤモンド社。）

Skogan, W. G., 2004, "Impediments to Community Policing", L. Fridley and M. A. Wycoff eds, *Community Policing：The Past, Present and Future*, Washington DC：The Annie E. Casey Foundation and the Police Executive Research Forum, 159–168.

Suasta, Putu and Linda H. Connor, 1999, "Democratic Mobilization and Political Authoritarianism: Tourism Developments in Bali", Raechelle Rubinstein and Linda H. Connor eds., *Staying Local in the Global Village,* Honolulu：University of Hawai'i Press, 91-122.

Timothy, Dallen J. and Geoffrey Wall, 1997, "Selling to Tourists：Indonesian Street Vendors," *Annals of Tourism Research*, 24 (2), 322-40.

Urry, John, 1990, *The tourist gaze：leisure and travel in contemporary societies*, London：Sage.（＝一九九五、加太宏邦訳『観光のまなざし――現代社会におけるレジャーと旅行』法政大学出版局。）

――, 2000, *Sociology beyond Societies*, London：Routledge.（＝二〇〇六、吉原直樹監訳『社会を越える社会学――移動・環境・シチズンシップ』法政大学出版局。）

Van Klinken, Gerry and Joshua Barker eds., 2009, *State of Authority*, NY：Cornell Southeast Asia Program Publications.

Vickers, Adrian, 1989, *Bali：A Paradise Created*, Singapore：Periplus.（＝二〇〇〇、中谷文美訳『バリ――演出された「楽園」』新曜社。）

――, 2003, "Being modern in Bali after Suharto," Thomas A. Reuter ed., *Inequality, Crisis and Social Change in Indonesia*, 17-29. London：RoutledgeCurzon.

Warren, Carol, 1993, *Adat and Dinas*, New York：Oxford University Press.

Whyte, William Foote, [1943] 1993, *Street Corner Society*, Chicago：The University of Chicago Press.（＝二〇〇〇、奥田道大・有里典三訳『ストリート・コーナー・ソサエティ』有斐閣。）

Yarwood, R., 2007, "Getting just deserts? Policing, governance and rurality in Western Australia," *Geoforum*, 38, 339-52.

事項索引

AD&ART　102–103
BANKAMDES（デサ安全助成）　53, 116, 133–134
——の背景　122–124
　インナーシティの——　125–130
　海浜観光地区の——　130–132
　サヌールの——　140–144
——の停滞　132–133
　ティムススと——　145–158
　トゥバンの——　178, 185
BK3S　18, 92, 93–99, 103, 104, 105, 107, 110
CAMAT　95–96
DANRAMIL　95–96
DANREM　95–96
GWK（ガルーダ・ウィスヌ・クンチャナ）　196
KANIT SABARA　96
KAMRA　122
KAPOLRES　96
KAPOLSEK　95–96
KIPEM　169
KIPS　169
KORAMIL　95–96
LKMD　102, 113
MUSPIKA　95–96
NARKOBA　124, 127
PKD　168, 174–178, 183, 185
POLMAS　118, 120
SIDI　102
STPPTS　170
TimSus PKS　18, 92, 105, 106–112, 116, 120, 140, 144, 157–158
WANRA　122

ア行

アウィグ・アウィグ　30, 52, 53, 175
アジェグ・バリ　28, 50, 52, 99
アダット（慣習）　29, 30, 31, 51, 109, 110
インフォーマルセクター　27, 47, 48, 51, 58, 62, 63, 64–74, 79, 84, 93, 97, 105, 106, 169
——研究の相対化　67
　インドネシアの——　67–69
　サヌールの——　71–74
　先進国の非フォーマライズ化　86
　バリ島の——　69–70

カ行

観光
安全と——　3-4, 57-58
——インフォーマルセクター　68-69, 72-74, 107
——ガイド　75, 76, 86, 87, 88
観光開発　69, 73
コンフリクト　47, 72, 97, 106
サヌールの——　60-62, 71
文化と——　37, 54, 70, 75
——のまなざし　83, 91, 111
モビリティ　91
監視　13, 19, 21
監視カメラ　18, 159-162, 165
官僚制　14, 15, 16, 17, 19
クタ　37, 49, 72, 74, 132, 195
クル・クル　182
クントンガン　182
劇場国家　16, 32, 55
経済危機　47, 62, 63, 93, 94
ゴトン・ロヨン（相互扶助）　43, 44, 109
コミュニティ・ポリシング　6, 7, 8, 12, 18, 19, 116-121, 124, 133-134, 142, 143

サ行

サヌール　18, 38, 40, 49, 58-62, 71-85, 91, 98, 99, 100, 101, 105, 106, 107
——・サイバー・ヴィレッジ　160
統合的／領域的なイメージ　83, 84, 107, 110, 111, 164
サヌール開発財団（YPS）　94, 98, 99, 100-112, 120, 146, 160
シカゴ学派都市社会学　24
シスカムリン（Siskamling）　47, 179
夜警組織としての——　18-19, 104, 105, 110, 123, 179, 180
多様性をもつ——　167-168, 182-184, 185
自警団　7, 11, 19, 53, 120, 121, 132, 136, 162
新秩序体制　47, 179
スカ（Suka）　30, 33, 36, 43
スバック（Subak, 水利組織）　30, 33, 36, 43, 75
スミギタ（スミニャック、レギャン、クタ）　169, 170, 172
セキュリティ
——の観点からの観光地域形成　57
セキュリティ・システム　4, 5, 6, 7, 8, 11
セキュリティ・ターン　28
媒介としての——　21
——への疎外と物象化　164
身の回りの安全・安心　3-5

タ行

多元的共同性／集団構成　8, 9, 13, 17, 20, 22, 29, 31-36, 37, 43, 54, 98, 111, 164, 186

——の定義　32-33

——の現代的文脈　34-36

——の変容　43-44

価値の創造　190

揺らぎからの創発生　193

治安維持　14-16

脱構築と再構築　12-13, 17, 19

同心円的社会構成　36

地域社会　17, 18, 20, 27, 28, 29, 36, 37, 47, 57, 97, 110, 123, 124, 129, 133-134, 140, 146

地域セキュリティ　22, 27, 112

広義の——　58

サヌールの転換点としての——　62-63

多元的——　36

伝統と——　47

——の定義と実践的な意義　19-20

——の制度化と専門化　144-146, 164

——組織　28, 29, 31, 59, 103-110, 111

地域からのセキュリティ　190, 191

——の分水嶺　13, 192-193

地方分権化　16, 19, 28, 37, 57, 111, 120, 122

中央集権体制　7, 11, 14, 15, 18, 27, 28, 36, 37, 56, 96, 101, 120

——の崩壊　63, 130, 184

ティムスス（サヌール安全パトロール特別チーム）　18, 92, 105, 106-112, 116, 120, 140, 144, 157-158

ディナス（行政）　29, 30, 31, 43, 110

デサ（村落）　29, 30, 31, 33, 50, 52

デサ・アダット　30, 31, 48, 50, 51, 59, 104, 108, 110, 123, 175

デサ・ディナス　30, 31, 51, 56, 58, 96, 98, 101, 103, 104, 109, 110, 123

デンパサール　18, 37-45, 58, 69, 79, 93, 94, 95, 96, 98, 104, 105, 110, 125, 165

デンパサール都市警察　53, 115, 120, 121, 122, 126-128, 133, 140

闘争民主党（PDI-P）　49-50

トゥバン　169-173

観光地区のバックヤード　169, 172

多文化地区　170-173

都市化　11, 31, 55, 129

都市問題　39-42

ナ行

ナショナリズム　6, 7, 45

バリ島——　6, 13, 28, 110, 174, 183

地域——　7

ハ行

爆弾テロ　5, 6, 11, 45, 52, 132, 136, 194–196
パトロン・クライアント関係の変質　15
ハンシップ（民間防衛）　51, 56, 101, 104, 105, 107, 110, 122, 130, 133, 140
バンジャール（部落）　29, 30, 31, 33, 43, 44, 45, 46, 47, 52, 70, 75, 79
　バンジャール・アダット　30, 31, 48, 52, 98, 102, 103, 104, 105, 106, 109, 110, 171
　バンジャール・ディナス　30, 31, 171
パンスワカルサ（自発的警備員）　162
プチャラン（伝統的警備隊）　18, 28, 47–53, 99, 103, 104, 105, 107, 109, 110, 123, 129, 130, 140, 174, 175–178, 183
暴力　20, 50, 58
　インフォーマルな――　11, 28, 29

マ行

マス・ツーリズム　62, 69, 71, 75
緑の革命　43, 70
身分証明書　169
土産物店／アートショップ　71, 74–84
　バイクによる卸売　81–82
　コミュニティの実感　75, 83
　古典的／近代的――　77–80
　古典的アートショップの分化　82
　大規模――　81–82
民主主義者党（PD）　181

ヤ行

ゆらぎ
　セキュリティ・システムの――　11, 121
　創造性の――　54
　地域社会の――　27, 53
　伝統の――　37

ラ行

リスク　5, 29
　グローバルとローカル　3–5
　――社会　19, 20, 21
リンマス（社会保護）　122, 123, 130, 140
ロンダ　179, 186–187

人名索引

ア行

アイスマン, フレッド　75
秋尾沙戸子　50
アスティティ, チョク・イストリ・プトラ　52
アーリ, ジョン　25, 91
アンダーソン, イライジャ　12, 25
アンダーソン, ベネディクト　14, 55
市野川容孝　25
ヴィッカーズ, エイドリアン　16, 29, 48, 63, 76, 77, 87, 120-121
ウィドニャニ, ニョマン　48, 49-50, 51
ウィディア, クトゥットゥ　48, 49-50, 51
ウォール, ジェフリー　65-66, 67, 68-69, 70, 71, 72, 73, 74-75, 77, 86, 87
ウォレン, キャロル　16, 31, 33, 55, 85, 113
ウェーバー, マックス　15, 16, 20
エツィオーニ, アミタイ　117, 118
エマーソン, ドナルド・K　14, 15
エリクソン, リチャード・V　118
遠藤環　64, 65
岡本正明　23, 28
オサリバン, バネッサ　57

カ行

鏡味治也　31, 53, 54, 55, 56, 116
鎌倉健　86
ガーランド, デビッド　118
ギアツ, クリフォード　15, 16, 21, 25, 31-33, 34, 55
ギアツ, ヒルドレッド　31-33, 55
ギデンズ, アンソニー　12, 13, 23
クキエ, ジュディ　65-66, 67, 68, 70, 71, 72, 73, 74-75, 77, 84, 86, 87, 88
クラムリー, キャロル・L　35
クリンケン, ゲリー・バン　56
グレイザー, マーク・A　117
ケリング, ジョージ・L　117, 118
後藤乾一　120
コナー, リンダ・H　16
小林和夫　113, 179, 186
コール, ウィリアム　65-67, 77, 79
コールズ, キャサリン・M　117, 118

サ行

齊藤綾美　23

サンデル, マイケル・J　25
ジェイコブス, ジェーン　12
ジンメル, ゲオルク　34, 55
シェーンフェルダー, ジョン・W　34-35
スアスタ, プトゥ　16
スコーガン, ウェスリー・G　118
鈴木勝　62, 93
スハルト　95, 113
スルヤワン, ヌグラ　37, 48, 51-52
セネット, リチャード　12
ソエタマ, グデ・アルヤンタ　48

タ行

田坂敏雄　64
田中夏子　86
ダーリン, ダイアナ　29, 56
チャスキン, ロバート・J　117
ディリオン, マイケル　24
ティモシー, ダーレン　57, 68-69, 73
デビッド, ヘンリー　56
デビッドソン, ジェミー・S　56
デュバル, デイビッド・ティモシー　57
デュモン, ルイ　35
デンハルト, ジャネット　117
ドウィアント, ラファエラ・D　180

ナ行

永野由紀子　43
永渕康之　34
中村潔　55
ナラダ, サトリア　28, 50
ノルドホルト, ヘンク・シュルト　21, 28, 49, 50-51, 56
ノリス, ジョアン　67, 70

ハ行

バウチャー, デビッド　14, 23
バウマン, ジグムント　20, 118
ハガティ, ケビン・D　118
バーカー, ジョシュア　14, 15, 23, 28, 179
パーカー, リン　23
バース, フレデリック　23
パスティカ, マデ・マンク　130
パットナム, ロバート・D　117
バート, ロナルド・S　23
ハビビ　50, 95
パルサナ, デワ・マデ　126, 128, 130, 140
パルグナ, ダルマ　116
ピカール, マイケル　16, 37, 69, 70, 85, 86, 88
ピザム, エイブラハム　54
菱山宏輔　45, 136, 179
フーコー, ミシェル　14

ブルーム, ジョナサン　57
フェイッサ, ビチャカ　65-67, 77, 79
ブラタ, イダ・バグス　100
ベック, ウルリッヒ　20
ベネスト, フランク　117-118
ペンバートン, ジョン　15, 16
ポーター, ドナルド・J　162
ホバート, アンジェラ　16, 43
ホバート, マーク　16
ホブスボーム, エリック・J　11
ホワイト, ウィリアム・F　12, 24-25
ホール, マイケル　57

マ行

間苧谷榮　85
マクガイア, ランドル・H　34-35
マクドゥガル, ジョン・M　162
増原綾子　23
マンスフェルド, ジョエル　54
三隅一人　23
水野広祐　23, 28, 120, 186-187
メガワティ　49, 50

ヤ行

ヤーウッド, リチャード　118
山下晋司　16, 31, 55
ユドヨノ　118
吉原直樹　31, 33, 43, 55, 110, 169

ラ行

ライアン, デビッド　21, 23
ライス, ロバート・C　65, 73, 79
ライター, ローレン　14
ラムザイヤー, ウルス　16, 43
ランシング, ステファン　35
リーマン, アルベルト　16, 43
ルーター, トマス　16
ロビンソン, ジェフリー　23

著者紹介

菱山宏輔（ひしやま・こうすけ）
1977年生まれ。近畿大学総合社会学部准教授
東北大学大学院文学研究科修了。都市社会学・地域社会学・モビリティスタディーズ・地域セキュリティ研究。

主な論文に「地方分権化時代のインドネシアにおける地域セキュリティ組織の展開――バリ島サヌールのティムススを事例として」『アジア経済』49(8)・2008年、「地域防犯体制の構造転換――仙台市宮町民間交番を事例に」『社会学評論』67(1)・2016年、共著書に「モビリティとセキュリティの空間」『交響する空間と場所』法政大学出版局・2015年、「バリ島のゲーテッド・コミュニティと日本人」『海外日本人社会とメディア・ネットワーク』東信堂・2016年など。

地域《ちいき》セキュリティの社会学《しゃかいがく》
――バリ島《とう》の近隣住民組織《きんりんじゅうみんそしき》と多元的共同性《たげんてききょうどうせい》

2017年12月15日　第1版第1刷発行

著　　者　菱　山　宏　輔
発 行 者　橋　本　盛　作
発 行 所　株式会社御茶の水書房
〒113-0033　東京都文京区本郷5-30-20
電話　03-5684-0751

印刷・製本／シナノ印刷

ISBN978-4-275-02081-9 C3036